AF261652

ÉMILE DE LABÉDOLLIÈRE

LA FRANCE ET LA PRUSSE

LE TRAITÉ DE LONDRES

Marché du Luxembourg.

CHAPITRE I

Le grand-duché et la ville de Luxembourg. — Dangers de l'occupation de la forteresse par une garnison prussienne. — Considérations stratégiques. — Détails historiques. — Traités de 1816. — Convention du 8 novembre 1816. — Recès général du 8 mai 1819. — Révolution de 1830. — Traités de 1839.—La branche Othon et la branche Walram.

La série de nos publications historiques embrasse déjà la guerre d'Orient, l'affaire de Neufchâtel, la guerre d'Italie, la guerre du Mexique, les événements accomplis en Allemagne en 1866. Elle serait incomplète, si nous n'exposions au public les graves complications qu'a entraînées la position spéciale du grand-duché de Luxembourg; les circonstances qui ont amené la réunion de la conférence tenue à Londres du 7 au 11 mai 1867; les clauses du traité signé le 11 mai par les plénipotentiaires des grandes puissances; enfin, les conséquences de ce traité, ratifié presque aussitôt que conclu, avant le délai fixé de quatre semaines.

Le grand-duché de Luxembourg est borné au sud par la France, au nord et à l'ouest par la Belgique, à l'est par la Prusse rhénane. Sa population est de deux cent mille habitants. Il a des fabriques de draps et d'étoffes de laine, des forges importantes, des tanneries, des manufactures de faïences et de terres cuites, des papeteries, des mines de fer et de cuivre, des carrières de marbre et de pierre. Il possède un nombre relativement très-élevé de sociétés littéraires ou scientifiques dont le siége est Luxembourg :

La Société royale d'agriculture ;

La Société archéologique du grand-duché ;

La Société pour l'art chrétien ;

La Société des sciences naturelles ;

La Société des sciences médicales ;

La Société agricole et horticole du grand-duché.

La ville de Luxembourg a 13,700 habitants, auxquels s'ajoutait, avant la ratification du traité de Londres, une garnison prussienne forte de 5,000 hommes.

La ville proprement dite, la ville haute, est située sur un plateau formé par des rochers qui s'élèvent de trois côtés à pic au-dessus du Pétrusbach et de l'Alzette.

La ville basse, quartier essentiellement livré à l'industrie, est située dans la vallée.

Les fortifications de Luxembourg comprennent deux parties essentielles :

Celles de la rive gauche de l'Alzette, protégées de trois côtés par d'inaccessibles escarpements, ont une triple ouverture du seul côté par lequel on puisse tenter une attaque ;

Celles de la rive droite sont en grand nombre et garnissent les hauteurs.

Est-il nécessaire de démontrer l'importance stratégique d'une place que la nature et l'art avaient rendue imprenable ?

La possession de Luxembourg par les Prussiens ne pouvait être qu'un danger pour la France.

Dans une guerre avec la France, les armées allemandes auraient à opérer sur deux points principaux : l'Alsace et la Lorraine, la Belgique et le Rhin inférieur, séparés par le pays montagneux entre la Moselle et la Meuse. En cas d'une attaque offensive contre l'ouest, sur le Rhin supérieur et moyen, il faudrait d'abord s'assurer de la ligne importante d'opérations, Mayence-Kaiserslautern-Metz, qui conduit dans la vallée de la Marne.

Cette ligne traverse le réseau des nombreuses forteresses françaises, dont la plus importante est celle de Metz, place d'armes de premier rang, et cependant de peu d'importance si Luxembourg (qui en est éloigné de 7 milles) se trouve au pouvoir des ennemis, et la tient en échec. Le possesseur de Luxembourg est maître de la vallée inférieure de la Saar, qui n'est fermée que par la faible place de Saarlouis. Cette vallée coupe à angle droit la ligne d'opérations ci-dessus mentionnée, d'une

armée pénétrant du Rhin moyen dans la Champagne.

Dans le cas où Luxembourg est forteresse française, elle est surtout, de concert, avec Metz, un danger pour les lignes de communication de cette armée, et, de plus, elle force celle-ci à s'affaiblir considérablement par de forts corps de blocade qu'elle serait obligée de détacher. Un Luxembourg prussien favorise une invasion étrangère en France ; un Luxembourg français menace les lignes de communication des Prussiens sur le flanc droit.

La possession du Luxembourg par les Français serait aussi un danger pour le flanc gauche d'une armée allemande s'avançant du Rhin inférieur en Belgique.

Quatre lignes de chemins de fer, dont le point de croisement est Luxembourg, donnent de plus à cette forteresse une importance toute particulière, vu le grand rôle que jouent les voies ferrées dans les guerres actuelles. Ces lignes sont : 1º la ligne de Nancy-Metz-Luxembourg ; 2º la ligne Luxembourg-Namur-Bruxelles ; 3º la ligne Luxembourg-Spa-Liége ; 4º la ligne Mayence-Saarbruck-Saarlouis-Trèves-Luxembourg. Les deux premières lignes courent parallèlement à la frontière française, touchent à plusieurs places fortes et sont en communication directe avec le point central, Paris, ainsi qu'avec le sud et le nord du pays.

La marche stratégique des forces françaises serait très-favorisée par cette voie ferrée parallèle à la frontière, et le déplacement à volonté de ces forces du sud au nord et vice versa serait chose facile.

La ligne Luxembourg-Liége court parallèlement à la frontière prussienne sur le territoire belge luxembourgeois, relie les vallées de la Moselle et de la Meuse par la plus courte voie, et coupe la ligne Cologne-Liége-Bruxelles près de Verviers. Luxembourg est le point de croisement de ces trois lignes, auxquelles on doit attribuer, au point de vue français, une grande importance. Quatrièmement, le réseau important qui relie les vallées du Rhin, de la Nahe, de la Saar et de la Moselle, débouche dans le Luxembourg, et comme c'est la seule ligne de communications par voie ferrée du théâtre de la guerre en Lorraine et en Belgique, elle est d'une importance capitale pour les Allemands.

La ville de Luxembourg est appelée, dans les anciens documents, *Luciliburgum, Lusileborg,* du nom de son fondateur, le Romain Lucilius. C'était, au dixième siècle, le chef-lieu d'un comté, qui ne fut érigé en duché que par acte de l'empereur Charles IV, signé le 13 mars 1354, en faveur de son frère Venceslas.

Élizabeth de Gœrlitz, fille de Jean de Luxembourg, duc de Gœrlitz, fils de l'empereur Charles IV, céda cette province à Philippe le Bon, duc de Bourgogne, l'an 1448. L'héritière de la maison de Bourgogne ayant épousé l'archiduc Maximilien, le Luxembourg, par cette alliance, passa à la maison d'Autriche.

La partie méridionale en fut cédée à la France, en

1659, par le traité des Pyrénées. Ce fut ce qu'on appela le Luxembourg français, comprenant Thionville, Marville, Chauvancy, Montmédy, Yvoy ou Carignan et Damvilliers. Aux termes de la paix d'Utrecht, le Luxembourg, à l'exception de la partie cédée à la France, fit retour à la maison de Hapsbourg et continua de faire partie, avec les Pays-Bas autrichiens du cercle de Bourgogne, de l'empire germanique, jusqu'en 1793, époque où les Français en firent la conquête. La paix de Campo-Formio leur en adjugea la possession définitive qu'ils conservèrent jusqu'aux événements de 1814.

Le Luxembourg formait le département des Forêts.

L'acte du congrès de Vienne du 19 juin 1815 céda au roi des Pays-Bas, comme indemnité de ses États de Nassau, le Luxembourg, qui forma, avec le duché de Bouillon, un grand-duché, partie intégrante de la Confédération germanique.

Le 8 novembre 1816, une convention particulière fut conclue, à Francfort, entre la Prusse et les Pays-Bas.

Elle fut ensuite adoptée, le 8 mai 1819, par une commission territoriale réunie à Francfort, et chargée de rédiger un recès général, au nom de la Confédération germanique.

Les articles 35 et 36 concernaient l'occupation de la citadelle de Luxembourg.

Art. 35. L'article 3 du traité conclu à Vienne le 31 mai 1815, et l'article 67 de l'acte final du congrès de Vienne ayant stipulé que la forteresse de Luxembourg serait considérée comme forteresse de la Confédération germanique, cette disposition est maintenue et expressément confirmée par le présent recès.

Cependant, S. M. le roi de Prusse et S. M. le roi des Pays-Bas, agissant en sa qualité de grand-duc de Luxembourg, voulant adapter le reste des dispositions desdits articles aux changements survenus par le traité de Paris du 20 novembre 1815, et pourvoir de la manière la plus efficace à la défense combinée de leurs États respectifs, Leurs Majestés sont convenues de tenir garnison commune dans la forteresse de Luxembourg, sans que cet arrangement, fait uniquement sous le rapport militaire, puisse altérer en rien le droit de souveraineté de S. M. le roi des Pays-Bas, grand-duc de Luxembourg, sur la ville et la forteresse de Luxembourg.

Art. 36. S. M. le roi des Pays-Bas, grand-duc de Luxembourg, cède à S. M. le roi de Prusse le droit de nommer le gouverneur et le commandant de cette place, et consent à ce que, tant la garnison en général que chaque arme en particulier, soient composées pour les trois quarts de troupes prussiennes, et pour un quart de troupes des Pays-Bas, renonçant ainsi au droit de nomination que l'article 67 du Congrès de Vienne assurait à Sa Majesté.

Le recès général de la commission territoriale rassemblée à Francfort, le 8 mai 1819, fixa la proportion de la garnison de Luxembourg à trois quarts de troupes prussiennes et un quart de troupes hollandaises, « sans que cet arrangement, fait uniquement sous le rapport militaire, pût altérer en rien les droits de souveraineté du roi des Pays-Bas, grand-duc de Luxembourg, sur la ville et la forteresse de Luxembourg. »

En 1830, le Luxembourg, à l'exception de la ville et forteresse fédérale avec son rayon, embrassa tout entier la révolution belge, et fut incorporé alors à la Belgique. Cet état de choses, extrêmement avantageux à la Belgique, se perpétua jusqu'en 1839, malgré les décisions de la conférence de Londres; mais à cette époque on obtint de la Hollande et de la Belgique leur assentiment à un arrangement portant qu'en échange de la partie wallone du Luxembourg, cédée à la Belgique, une grande partie du Limbourg serait réunie au Luxembourg, comme partie intégrante de la Confédération germanique.

Les traités de 1839 réglèrent les rapports de la Belgique et de la Hollande en traçant les limites territoriales de ces deux États, qui étaient restées indécises depuis que la Belgique avait conquis son indépendance.

Par ces traités, une partie du grand-duché de Luxembourg sortait de la Confération germanique pour être réunie à la Belgique, et comme dédommagement territorial, la Confédération recevait une partie du Limbourg, cette même partie que M. de Bismark déclara, le 1er avril 1867, dégagée de tout lien avec l'Allemagne.

Les grandes puissances eurent à sanctionner ces arrangements, et deux traités identiques furent signés le même jour, 19 avril 1839, à Londres, l'un avec la Belgique, et l'autre avec la Hollande. Voici la clause essentielle de ces traités :

Art. 1er. S. M. l'empereur d'Autriche, roi de Hongrie et de Bohême, S. M. le roi des Français, S. M. la reine du royaume-uni de la Grande-Bretagne et d'Irlande, S. M. le roi de Prusse et S. M. l'empereur de toutes les Russies, déclarent que les articles ci-annexés, et formant la teneur du traité conclu en ce jour entre S. M. le roi des Belges et S. M. le roi des Pays-Bas, grand-duc de Luxembourg, sont considérés comme ayant la même force et valeur que s'ils étaient textuellement insérés dans le présent acte, et qu'ils se trouvent ainsi placés sous la garantie de Leurs Majestés.

Les plénipotentiaires de l'Autriche et de la Prusse accédèrent, en outre, comme représentant la Diète germanique, aux stipulations concernant le grand-duché de Luxembourg.

Dans ces traités, rien n'était changé aux dispositions antérieures pour l'occupation de la forteresse; la garnison, à laquelle la Hollande se dispensait de fournir un contingent, resta composée de cinq mille Prussiens.

Un traité particulier intervint entre le roi de Hollande, représentant la branche cadette de la maison de Nassau , la branche Othon , et le duc de Nassau, représentant la branche aînée, la branche Walram, dont les droits sur le grand-duché de Luxembourg avaient été expressément réservés par le traité de 1815. Ce traité fut signé le 27 juin 1839 et ratifié le 9 juillet, à Wiesbaden :

« Article 1er. La branche Walram de Nassau renonce formellement aux droits de sa maison sur la partie du Luxembourg qui est cédée à la Belgique par le traité du 19 avril 1839.

« Art. 2. S. M. le roi de Hollande, ne pouvant donner aux aînés de sa famille aucune compensation ni en argent ni en territoire, s'oblige à leur payer la somme de 750,000 thalers.

« Art. 3. Le payement de cette somme devra s'effectuer, à Wiesbaden ou à Francfort-sur-Mein, à trois mois de date de la signature du traité, et la renonciation faite par le duc de Nassau ne sera définitive qu'après l'exécution de cette clause.

Art. 4. Les droits de la ligne Walram de la maison de Nassau sur la partie du grand-duché de Luxembourg dont la couronne de Hollande conserve la possession,— y compris la ville et la forteresse de Luxembourg, — restent dans leur force originaire et sous les mêmes garanties stipulées par le congrès de Vienne. »

CHAPITRE II

Position faite au grand-duché de Luxembourg par les événements de 1866. — Projet de cession. — Traités de la Prusse avec la Bavière et le grand-duché de Bade. — Médiation de l'Autriche. — Séance du Reichstag du 1er avril 1867. — Interpellations de M. de Bennigsen. — Réponse de M. de Bismark.

Lorsque les événements de 1866 eurent anéanti l'ancienne Confédération germanique, le roi grand-duc, qui refusait de faire partie de la nouvelle, crut devoir protester contre l'occupation de la forteresse de Luxembourg. Une note en ce sens fut adressée, dès le 2 juillet, par M. Tornaco, gouverneur général du grand-duché, au comte de Perponcher, ministre de Prusse à la Haye. Cette protestation fut renouvelée au mois d'octobre 1866.

De son côté, le gouvernement français prévenait le gouvernement néerlandais que l'occupation prolongée sans droits de la forteresse de Luxembourg par des troupes prussiennes, était un danger pour la France, et qu'il fallait aviser aux moyens d'y mettre un terme.

Le roi de Hollande trouva parfaitement légitime l'opinion de la France, mais il crut, en raison de sa faiblesse relative, ne pas pouvoir prendre sur lui d'exiger de la Prusse l'évacuation du Luxembourg. Une pareille demande ne pouvait être faite que par un État ayant la force nécessaire pour l'appuyer convenablement.

Le roi de Hollande prit donc la résolution de céder le grand-duché de Luxembourg, qui était son apanage particulier, à la France, moyennant une compensation pécuniaire.

Les conditions de la cession furent rédigées, et au mois de mars 1867, le cabinet de la Haye demandait officiellement à la Prusse ce qu'elle comptait faire si le roi de Hollande renonçait à ses droits sur le grand-duché.

Le président du Conseil des ministres prussiens, M. de Bismark, répondit que dans le cas où S. M. néerlandaise se déposséderait de sa souveraineté, le gouvernement prussien, avant de se prononcer, s'il était mis dans la nécessité de le faire, s'assurerait de la manière dont la question serait envisagée par ses confédérés allemands, par les cosignataires des traités de 1839 et par l'opinion publique de l'Allemagne.

Le conflit entre La Haye et Berlin prenait ainsi son caractère d'ordre européen.

Si la France avait réclamé de son chef cette cession, nul doute qu'elle aurait rencontré de graves obstacles, mais du moment où le roi des Pays-Bas, dans la plénitude de sa souveraineté, prenait l'initiative de la cession, il plaçait la Prusse dans cette alternative : ou la cour de Berlin devait démontrer la justesse des droits qu'elle revendiquait à l'égard de la forteresse de Luxembourg, où elle devait laisser le roi des Pays-Bas disposer librement du grand-duché qui lui appartient.

Afin sans doute de montrer quelles étaient ses forces et jusqu'à quel point il pouvait parer à toutes les éventualités, le gouvernement prussien fit publier dans son *Moniteur* du 20 mars, les traités secrets qu'il avait conclus avec les gouvernements de Bavière et du grand-duché de Bade.

Voici le texte du premier :

« Article 1er. — Entre S. M. le roi de Prusse et S. M. le roi de Bavière, un traité d'alliance offensive et défensive est conclu par ces présentes.

Les deux hauts contractants se garantissent réciproquement l'intégrité du territoire de leurs pays respectifs, et s'engagent, au cas d'une guerre, de mettre dans ce but à leur disposition réciproque toutes leurs forces de guerre.

« Art. 2. — S. M. le roi de Bavière a transféré pour ce cas, à S. M. le roi de Prusse, le commandement supérieur sur ses troupes.

« Art. 3. — Les hauts contractants s'engagent à tenir secret provisoirement ce traité.

« Art. 4. — La ratification du traité ci-dessus aura lieu en même temps que la ratification du traité de paix conclu ce jour, c'est-à-dire au plus tard le 3 du mois prochain.

« Ainsi fait à Berlin, le 22 août 1866. »

Ce traité était signé par MM. de Bismarck et de Savigny pour la Prusse ; MM. de Pfortdten et de Bray-Sieinberg pour la Bavière.

Le traité conclu à Berlin avec le grand-duché de Bade était identique ; il était signé par M. de Bismark et M. de Freydorf.

Le *Moniteur* prussien ajoutait que, pour les deux traités, les ratifications avaient été échangées.

Un troisième traité analogue, qui ne devait recevoir sa forme définitive que le 11 avril, unissait la Prusse avec le grand-duché de Hesse-Darmstadt.

Une rupture entre la Prusse et la France pouvait survenir : le premier ministre autrichien, M. de Beust, la pressentait, et il s'occupa de formuler la proposition conciliante de réunir le grand-duché de Luxembourg à la Belgique, en donnant à la France, comme indemnité, certaines contrées limitrophes, qui lui étaient déjà échues en vertu de la paix signée à Paris, le 30 mai 1814.

Pendant que M. de Beust élaborait son plan, pendant que les pourparlers se continuaient dans l'ombre mystérieuse des chancelleries, une clarté soudaine mit la question du Luxembourg au premier rang dans les préoccupations du public. Le 1er avril 1867, M. de Bennigsen, député, président du Nationalverein, monta à la tribune du Reichstag ou parlement de l'Allemagne du Nord, qui avait ouvert sa session le 25 février, et dont il était second vice-président. Le premier vice-président était le duc d'Ujest. L'assemblée avait élu à la présidence M. Simson, libéral modéré qui, en 1849, avait présidé le Parlement de Francfort.

M. de Bennigsen lut une interpellation qu'il avait signée avec soixante-neuf de ses collègues, entre autres MM. Miguel-Lasker, comte Schwerin, Braun (Wiesbaden), Twesten, Unruch, Lette, Gneist, comte Dolma, Forkenbeck, Duncker, Ausfeld, Schulze-Delitsch. Elle était adressée à M. de Bismark qui avait, dans le Reichstag le titre et les fonctions de président des commissaires fédéraux.

1° Le Gouvernement prussien a-t-il eu connaissance si les bruits qui se produisent chaque jour avec plus de force, sur des négociations entre les gouvernements de France et des Pays-Bas concernant la question du Luxembourg, sont fondés ?

2° Le gouvernement prussien est-il en position de déclarer au Reichstag, au sein duquel tous les partis seront fermement unis pour appuyer de la manière la plus énergique ce qui serait fait pour repousser toute tentative pour arracher un ancien pays allemand à l'ensemble de la patrie : que, d'accord avec ses confédérés, il est résolu d'assurer d'une manière durable, à tout risque, la liaison du grand-duché de Luxembourg avec le reste de l'Allemagne,

et en particulier le droit de la Prusse de tenir garnison dans la forteresse de Luxembourg?

M. de Bismark, président des commissaires fédéraux, déclara qu'il était prêt à répondre immédiatement à l'interpellation; mais avant de lui céder la parole, M. de Bennigsen voulut développer ses vues et celles de ses collègues.

« Depuis quelques jours, dit-il, des bruits de négociations entre les Pays-Bas et la France, en vue de la cession du Luxembourg, surgissent de tous cotés; on soutient même d'une manière très-positive qu'un traité de cession de ce genre est déjà conclu. Un prince de race allemande, oubliant les souvenirs glorieux de sa maison, dont un membre, Adolphe de Nassau, a même porté la couronne impériale allemande, aurait donc conclu un marché concernant un pays qui a été de tout temps un pays allemand, qui a donné jadis à l'empire allemand une famille impériale, et à cette province dans laquelle nous sommes réunis, ses margraves. Eh bien! c'est ce pays que l'Allemagne doit perdre maintenant par un trafic pareil! Dans cette position, c'est une nécessité urgente pour le Reichstag de se rendre clairement compte de ce qu'il y a à faire vis-à-vis d'un tel danger pour les gouvernements allemands confédérés, pour les représentants assemblés de la nation allemande.

« Devant une telle situation cessent toutes les divergences de partis : on voudrait, avec le Luxembourg, nous faire abandonner une position militaire importante, une forteresse qui a été construite au moyen des indemnités pécuniaires qui furent imposées à la France dans les guerres de 1814 et de 1815 en vue de la défense de l'Allemagne contre cette même France, et dans laquelle la Prusse a acquis le droit précieux de tenir garnison et de nommer le gouverneur, non-seulement en vertu de l'acte du congrès de Vienne, mais aussi de traités particuliers conclus avec le gouvernement des Pays-Bas dans les années 1816 et 1819.

« Nous sommes menacés de perdre un pays dont la population est essentiellement allemande et ne songe pas à devenir française ; où sans doute il règne une certaine répugnance à se prêter aux lourdes exigences militaires imposées à tous les membres de la Confédération de l'Allemagne du Nord, mais où l'on est Allemand et où l'on veut rester Allemand. Permettez-moi de vous donner lecture d'un passage d'une lettre que j'ai reçue de ce pays.

« Il y est dit : « Si ces messieurs du Reichstag savaient combien les 200,000 Luxembourgeois sont toujours Allemands par les mœurs et la langue, et combien ils sont découragés et attristés aujourd'hui dans les villes et les campagnes, tous se lèveraient en notre faveur. » L'interpellation relative à la question du Luxembourg a été présentée par le parti libéral du Reichstag, afin de prouver que dans les questions de politique extérieure, où il s'agit de défendre le territoire allemand contre des convoitises injustes de l'étranger, il ne saurait exister de partis dans cette assemblée. »

Cette sortie de M. de Bennigsen contre la France fut accueillie par des applaudissements ; il poursuivit :

« Les difficultés qui se sont produites dans les derniers temps, à l'occasion de questions constitutionnelles spéciales, n'exerceraient pas la moindre influence sur les rapports du Reichstag avec le gouvernement, s'il s'agissait de se poser avec unanimité et résolution vis-à-vis de l'étranger, et d'appuyer de la manière la plus décidée la politique vigoureuse que le gouvernement prussien et le président du conseil des ministres ont suivie jusqu'ici. (Bravos prolongés.)

« Tant qu'une manifestation pareille n'aura pas eu lieu, on peut s'expliquer qu'un petit pays comme le Luxembourg n'ose pas s'opposer aux convoitises françaises avec la résolution que ce peuple aurait sans doute montrée dans d'autres circonstances. C'est une raison de plus pour que le Reichstag ne laisse subsister aucun doute sur la volonté du peuple allemand de défendre cette portion de l'Allemagne. La dissolution de la Confédération germanique constitue pour l'étranger une tentation assez forte de profiter du moment où la reconstitution de l'Allemagne n'est pas encore achevée, où des luttes politiques intérieures se produisent en Allemagne, pour changer sa position politique vis-à-vis de l'Allemagne au détriment de celle-ci.

« Si nous ne repoussons pas la première tentative de cette espèce, ces tentatives se renouvelleront à chaque instant, et la tentative actuelle de reconstituer l'Allemagne ne conduirait pas à la fondation d'un État puissant allemand, mais à la continuation de l'ancien morcellement. Il faut que nous fassions voir à l'étranger que, dans cette position difficile, où nous pouvons conserver la paix en prenant une attitude forte et résolue vis-à-vis du dehors, nous ne reculerons pas devant la guerre, quand il s'agit de la juste défense contre une attaque injuste. (Ici éclatèrent de nouveaux applaudissements.)

« En France, les vieux partis et leurs chefs vieillis cherchent à exciter les passions dans l'armée et le peuple, peut-être non-seulement dans le but de faire des conquêtes pour la France, mais aussi dans le but de créer des difficultés au gouvernement actuel. Quelle impression cela ferait-il en Allemagne, si au moment où le Reichstag est réuni pour poser les bases d'une Constitution allemande, au moment où nous voulons conférer à la Prusse la direction de la politique extérieure de la Confédération du Nord, une province frontière était arrachée à l'Allemagne, comme à des époques de faiblesse antérieures ?

« Ce serait une tache sur l'honneur allemand qu'il serait impossible de laver ! Vous vous rappelez les mots prononcés il y a quelques années par S. M. le roi de Prusse : « De son consentement, pas le moindre village ne sera arraché du sol allemand. » Ces mots ont eu un grand retentissement en Allemagne; la nation allemande en a conservé le souvenir reconnaissant. Montrons maintenant que nous sommes réunis ici à Berlin, autour du roi Guillaume, que s'il fait appel au peuple allemand, il ne trouvera pas de parti dans son sein, mais une nation unie et résolue vis-à-vis de l'étranger. (Bravos prolongés.)

« Les difficultés qui se sont élevées dans la délibération du projet de Constitution seront aplanies aussitôt que les gouvernements et les représentants de la nation éprouveront le besoin de s'entendre, en autant de jours qu'il aurait fallu de semaines dans d'autres circonstances. Nous savons tout ce qu'il y a en jeu dans une guerre entre le peuple allemand et le peuple français. Les deux nations peuvent vivre à côté l'une de l'autre en paix et en amitié, et cultiver, dans des sentiments d'estime réciproque, les intérêts communs de la moralité et de la civilisation.

« Toute guerre qui aurait lieu entre ces deux nations porterait de graves préjudices au progrès de la prospérité et de la civilisation de l'Europe. Personne n'est plus pénétré de cela que les représentants de la nation allemande, qui sont réunis ici dans l'œuvre pacifique de la confection d'une Constitution qui doit être une base du droit et de la paix pour l'Allemagne. Mais si l'étranger veut nous troubler dans notre œuvre, s'il veut profiter de ce qu'elle n'est pas achevée pour nous demander des choses injustes, il trouvera ici une nation qui s'opposera avec la résolution la plus extrême à toutes les convoitises de ce genre.

« Messieurs, ne laissez pas de doute comme Reichstag que, de même que nous sommes unis ici, à quelque parti que nous appartenions, le peuple allemand aussi est uni pour appuyer, à tout risque, toute politique énergique du gouvernement vis-à-vis de ces tentatives et de toutes celles qui pourront se présenter plus tard.

— La haute assemblée, répondit M. de Bismark, trouvera naturel que, dans une question de la portée acquise par celle qui vous est soumise, je me borne en ce moment à répondre à l'interpellation par un exposé de la situation de fait, en tant qu'elle est connue du gouvernement du roi et de ses confédérés. Je dois, pour cela, remonter aux causes qui ont fait que le grand-duché du Luxembourg n'est pas membre de la Confédération germanique.

« Lors de la dissolution de l'ancienne Confédération germanique et par cette dissolution, chacun des États qui en avaient fait partie recouvra sa pleine souveraineté, telle qu'il l'avait possédée avant la fondation de la Confédération, et qui avait été restreinte par les obligations qu'il avait contractées volontairement en adhérant au pacte fédéral. Après la dissolution de la Confédération, le grand-duché de Luxembourg et son grand-duc jouirent de la même souveraineté de caractère européen que le royaume des Pays-Bas et son roi. La grande majorité des anciens confédérés, de même que la Prusse, profitèrent de leur liberté pour conclure depuis sur le sol national une nouvelle confédération en vue du soutien réciproque et de la culture des intérêts nationaux.

« Le grand-duché de Luxembourg ne trouve pas de son intérêt d'entrer dans la même voie. Par les organes dont nous disposons au dedans du grand-duché et sur ses frontières, nous avions eu connaissance qu'une répugnance décidée à accéder à la Confédération du Nord, existait dans toutes les classes de la population.

« Dans les classes supérieures et notamment dans les plus hautes, elle dérivait d'une mauvaise humeur clairement exprimée contre la Prusse et ses succès ; dans les classes inférieures, de la répugnance à s'imposer les charges qu'entraîne nécessairement une défense sérieuse du pays.

« Les sentiments du gouvernement luxembourgeois trouvèrent leur expression dans une dépêche qui nous fut adressée au mois d'octobre, et dans laquelle il chercha à nous prouver que nous n'avions plus droit de tenir garnison à Luxembourg. Le gouvernement du roi et ses confédérés durent se poser la question s'il était convenable, dans ces circonstances, d'exercer une influence ou même une pression à l'effet de faire accéder à la Confédération du Nord le grand-duché qui appartient au Zollverein.

« Après un examen approfondi de cette question, il y a répondu négativement. Il ne pouvait voir qu'un avantage douteux à posséder dans une confédération de cette intimité en la personne du grand-duc de Luxembourg un membre qui, en sa qualité de roi des Pays-Bas, a son centre de gravité, ses intérêts en dehors de la confédération, et qui pouvait peut-être en avoir, en beaucoup de points, de contraires à la Confédération.

« Les expériences que nous avons faites à cet égard dans l'ancienne Confédération étaient assez instructives pour nous empêcher de transférer complétement un arrangement pareil dans la nouvelle constitution.

« Le gouvernement du roi s'est dit, en outre, qu'en vertu de sa position géographique et des relations particulières mêmes du grand-duché de Luxembourg, cette question devait être traitée avec un plus haut degré de prudence. On ne fait que rendre justice quand on a dit, en lieu éminent, que la politique prussienne cherchait à ménager, naturellement dans la limite où son propre honneur le comporte, la susceptibilité de la nation française. La politique prus-

sienne trouve et a trouvé des motifs pour une pareille politique dans la juste appréciation de l'importance que les relations amicales avec un peuple voisin, puissant et de valeur égale, devaient avoir pour le développement pacifique de la question allemande.

« En vertu des mêmes considérations dont je viens d'indiquer ainsi le caractère, je m'abstiendrai de répondre par oui ou par non à la seconde partie de l'interpellation. Le texte de cette seconde partie est de nature à pouvoir convenir à une représentation du peuple qui est placée sur le terrain national ; mais il n'appartient pas au langage diplomatique, tel qu'il est usité dans le traitement des relations internationales, tant que celles-ci peuvent être maintenues dans la voie pacifique.

« En ce qui concerne la première partie de l'interpellation, j'exposerai ouvertement les faits tels qu'ils sont parvenus à la connaissance du gouvernement du roi. Le gouvernement du roi n'a aucun motif pour croire qu'un arrangement sur le sort futur du grand-duché soit déjà conclu ; naturellement il ne peut donner l'assurance positive du contraire ; il ne peut davantage dire positivement si, au cas où cet arrangement n'est pas encore conclu, il ne serait pas sur le point de se conclure. Les seuls incidents pour lesquels le gouvernement du roi a eu l'occasion de prendre officiellement des informations sont les suivants :

« Il y a peu de jours, Sa Majesté le roi des Pays-Bas a mis verbalement l'envoyé du roi accrédité à la Haye en position de faire connaître comment le gouvernement prussien prendrait la chose, si Sa Majesté Néerlandaise se dépouillait de sa souveraineté sur le grand-duché du Luxembourg. Le comte Perponcher, notre envoyé à la Haye, a reçu l'ordre de répondre que, dans le moment, le gouvernement du roi et ses confédérés n'avaient pas mission en général pour se prononcer sur cette question ; qu'ils devaient laisser à Sa Majesté elle-même la responsabilité de ses propres actes, et que le gouvernement du roi, avant de se prononcer sur cette question, s'il était mis dans la nécessité de le faire, s'assurerait auparavant de la manière dont la question serait envisagée par ses confédérés allemands, par les cosignataires des traités de 1839 et par l'opinion publique de l'Allemagne, qui, précisément au moment actuel, possède un organe convenable dans la présente haute assemblée même.

« Le second fait a été celui que le gouvernement néerlandais nous a fait offrir, par son envoyé à Berlin, ses bons offices en vue des négociations qu'il supposait entre la Prusse et la France sur le grand-duché de Luxembourg. Nous avons répondu à cela que nous n'étions pas en position de faire usage de ces bons offices, parce qu'il n'y avait pas de négociation de ce genre en train.

« Messieurs, autant que le gouvernement du roi en a connaissance, c'est dans cette position que se trouve encore l'affaire à l'heure qu'il est. J'appuie sur les mots « autant qu'il en a connaissance », et m'en réfère à ce que j'ai dit sur la possibilité d'un arrangement.

« Vous ne me demanderez pas que dans ce moment je donne, comme peut le faire un représentant du peuple, des déclarations publiques sur les intentions et les résolutions du gouvernement du roi et de ses confédérés pour tel ou tel cas.

« Les gouvernements confédérés croient qu'aucune puissance étrangère ne portera préjudice à des droits incontestables d'États allemands et de peuples allemands ; ils espèrent être en position de sauvegarder et de protéger des droits pareils par la voie des négociations pacifiques et sans compromettre les relations amicales dans lesquelles l'Allemagne se trouve jusqu'ici avec ses voisins, à la satisfaction des gouvernements confédérés.

« Vous pourrez vous livrer à cet espoir avec d'autant plus d'assurance, qu'il arrivera plus souvent, comme l'indiquait à ma joie, M. l'interpellant, que nous prouverons par nos délibérations la confiance inébranlable, la liaison indestructible du peuple allemand avec ses gouvernements et de ses gouvernements entre eux. »

Des acclamations saluèrent la fin de ce discours, et furent suivies d'un moment de silence. Le président constata « que personne ne demandait à ouvrir une discussion sur l'interpellation. J'exprime, ajouta-t-il, j'en suis certain, les sentiments de cette haute assemblée en disant que la manière dont le Reichstag a accueilli l'interpellation, et la réponse qui y a été faite par M. le président des commissaires fédéraux, parle plus haut et plus clairement que toute proposition en forme qu'on pourrait présenter. »

Il y eut une nouvelle salve d'applaudissements, et la chambre passa à l'ordre du jour.

CHAPITRE III

Explications données sur l'affaire du Luxembourg à la Chambre des Représentants de Hollande.

Il est facile de comprendre l'émotion qu'excitèrent les révélations de M. Bismark. Elle augmenta quand des explications nouvelles eurent été données, le 5 avril, au sein de la chambre des représentants de la Hollande et de la chambre des communes d'Angleterre. Un député néerlandais, M. de Thorbecke, se fit l'interprète du sentiment public : « Depuis quelque temps, dit-il, nous avons pu apprendre avec regret, et presque chaque jour, que des bruits pénibles, d'un caractère malveillant, se répandaient sur une cession du Luxembourg.

« La Hollande est citée comme partie intéressée dans ces bruits et dans les conversations qu'ils provoquent aujourd'hui aussi généralement qu'en 1858, car, à cette époque aussi, il fut question du Luxembourg. Il s'agissait alors d'une négociation qui ne trouva partout, et aussi en Allemagne, que de la désapprobation. Il ne s'agissait pas d'une négociation constitutionnelle, car alors j'ai émis l'opinion que le Luxembourg nous était aussi étranger que tout autre État étranger. Alors aussi nous nous sommes aperçus que nos voisins allemands, quelque savants qu'ils soient en sciences et en arts, se trompent quelquefois en géographie politique, et qu'ils se trompent d'autant plus facilement qu'ils s'effrayent moins d'un dérangement de frontières. Quoi qu'il en soit, il y a aujourd'hui infiniment plus de raison qu'en 1858 pour signaler des confusions qui se commettent tantôt par inattention, tantôt à dessein. Il est plus que temps maintenant de constater publiquement que la Hollande n'est nullement en jeu dans le sort du Luxembourg quel qu'il soit, que nous n'y avons aucun intérêt, que nous ne savons rien et ne *voulons* rien savoir des négociations relatives au Luxembourg.

« Ce n'est pas la première fois que le Luxembourg est une pomme de discorde. Qu'est-ce que le Luxembourg ? Un ancien territoire allemand qui a aussi appartenu pendant quelque temps à la France ; un coin de terre extrêmement sensible, placé entre l'Allemagne, la France et la Belgique ; un sol dont le sort ne peut être indifférent à aucune de ces puissances ; un point très-ambitionné par des motifs nationaux, politiques et peut-être aussi militaires. Mais, quant à la Hollande, autant que j'en puis juger, ce terrain n'a aucun intérêt, et nous n'avons pas à nous en occuper.

« Mais ce qui nous concerne, ce qui nous intéresse grandement, c'est ceci : c'est que nos relations avec l'étranger ne souffrent pas par ce qui peut arriver au Luxembourg ; c'est que nous ne soyons entraînés dans aucun conflit ; c'est qu'il n'y ait pas de motifs pour exciter contre nous, à l'occasion de ce qui se passe au sujet du Luxembourg, les sentiments peu amicaux, peu bienveillants de quelques gouvernements ; c'est que ces gouvernements n'aient pas de raisons pour nous adresser des reproches. Il est certainement nécessaire de conserver une attitude digne lorsqu'on ne veut pas s'exposer à des désagréments, lorsqu'on veut éviter que, quoi qu'il arrive au Luxembourg, il en résulte un désavantage pour la Hollande, c'est-à-dire que la Hollande ait aucune part aux affaires du Luxembourg.

« Nous avons intérêt à ce que la Hollande ne soit pas entraînée dans ces événements. »

L'orateur rappelant la réponse que le comte de Bismark avait faite, donna lecture du passage suivant de

Paysans du grand-duché de Luxembourg.

cette réponse : « Le gouvernement hollandais nous a offert, par l'intermédiaire de son représentant ici, ses bons offices au sujet des négociations que l'on supposait exister entre la Prusse et la France relativement au grand-duché de Luxembourg. »

M. de Thorbecke demanda si ces paroles étaient basées sur autre chose que sur un malentendu ?

Le ministre des relations extérieures, le comte Van Zuylen Van Nyevelt, répondit :

« Il eût été certainement plus désirable de mettre un terme aux longues discussions que provoque le budget que de venir, dans les circonstances actuelles, faire un long discours sur ce qui a donné lieu à l'interpellation. Je reconnais cependant que cette interpellation m'est très-agréable et cela pour deux motifs : 1° personnellement, parce qu'elle me fournit l'occasion de justifier complétement ma conduite; 2° et surtout parce qu'elle me procure l'occasion de défendre le roi de Hollande contre des accusations qui se brisent contre la vérité et qui ont certainement été apprises avec indignation par tous ceux qui sont attachés à leur souverain et à leur pays.

« Il ne peut entrer dans l'intention de l'honorable membre de rechercher maintenant quelles sont les vues du grand-duc relativement au Luxembourg et ce qui est ou n'est pas désirable à ce sujet. J'ai connaissance que le grand-duc a examiné sérieusement et minutieusement cette question, et qu'après une longue étude, il est arrivé à la conviction que l'intérêt de la Hollande demandait la rupture du lien dynastique qui, quelque faible qu'il soit, existe entre la Hollande et le Luxembourg. J'ai encore à toucher ici à un point délicat. Il n'est nullement question du miroitement de millions et de trésors dont on a parlé.

« Si un dédommagement avait été exigé, ce dédommagement eût été si petit, qu'il ne se serait pas même élevé à la moitié du domaine qui a été reconnu en 1816. Mais ce sont là des affaires qui sont certainement étrangères à l'ordre des délibérations de cette assemblée.

« Quant à savoir si la réponse du comte de Bismark repose sur un malentendu, il ne peut y avoir de différence que sur un point. L'offre ne s'appliquait pas à des négociations déjà ouvertes, mais à celles qui pourraient être ouvertes plus tard.

« Il n'y a pas eu de négociations à propos du Luxembourg, mais des pourparlers. Je n'ai aucune connaissance de ce qu'on a dit de négociations officielles et de l'échange de dépêches écrites. Le but de ces pourparlers était d'arriver à des négociations, et peut-être aboutiront-ils plus tard à un arrangement. Il va de soi qu'il n'y a que le gouvernement luxembourgeois et les hommes d'État luxembourgeois qui puissent conclure un arrangement.

« Maintenant surgit la question de savoir si l'intérêt de la Hollande n'exige pas que l'on tienne, comme on dit, les yeux ouverts pour savoir comment on disposera de la propriété du grand-duc de Luxembourg ou bien si l'on ne doit s'occuper aucunement de la question.

« Je suis parfaitement de l'opinion de l'honorable membre. La Hollande n'a pas plus à voir dans les affaires du Luxembourg que dans celles d'un autre État, mais on ne peut méconnaître que l'opinion publique en Allemagne est mal éclairée ou qu'elle veut l'être. Il s'agit donc de savoir si l'on peut imputer à mal au gouvernement hollandais les actes du gouvernement grand-ducal, et, pour prouver que cette crainte n'est pas futile, on peut rappeler ce qui est arrivé lors de l'entrée du Luxembourg dans l'union douanière allemande. D'elle-même devait donc surgir cette question : Comment le gouvernement hollandais agira-t-il pour couvrir sa responsabilité tout en donnant sa direction aux affaires ?

« On s'est dit que tout le monde n'a qu'un but, celui de conserver la paix. Ça a été là aussi le but du grand-duc, et c'est pourquoi il s'est senti disposé à écouter des représentations; mais toute cette question était enveloppée dans un certain nuage, et la conséquence aurait bien pu être qu'une affaire que l'on avait considérée comme moyen de préserver la paix eût eu une conséquence précisément contraire.

« Maintenant le ministre savait que le président du ministère luxembourgeois était arrivé ici. D'après la nature de l'affaire, c'est ce fonctionnaire qui traite officiellement avec le grand-duc. Mais de quelle façon le président luxembourgeois se trouve-t-il en mesure de s'assurer des sentiments des autres puissances sur une cession éventuelle du Luxembourg? Si maintenant la diplomatie hollandaise, quand bien même ce ne serait que d'une façon officieuse, se prête à cette recherche, ne s'immisce-t-elle pas par là, peut-être plus que le gouvernement ne voudrait, dans les affaires luxembourgeoises? C'est cette question qui m'a fait désirer d'être mis en position de dissiper quelques ténèbres pour faire apparaître l'affaire en pleine lumière.

« Je crois qu'il vaut mieux s'engager dans une voie large et loyale, et c'est pour cela que j'ai offert mes offices d'intermédiaire pour arriver à la voie des négociations. Et maintenant je crois que dans le fait de l'office se trouve précisément la preuve que nous ne sommes pas partie dans l'affaire.

« Dans la note officielle qui a été écrite à ce sujet, j'ai fait constater que le gouvernement néerlandais se considère comme dégagé de toute responsabilité quant à ce qui pourrait arriver à l'égard du Luxembourg; qu'il repousse toute autre responsabilité et qu'il voulait se présenter comme intermédiaire.

« En envoyant cet écrit, le gouvernement comprenait fort bien et il était convaincu qu'il recevrait une réponse négative; mais cette note remplissait son but, celui de dégager le gouvernement néerlandais de toute responsabilité, ce que le gouvernement prussien a reconnu dans sa réponse, et il en résulte encore que l'affaire, lorsque les négociations auront lieu, concernera exclusivement le grand-duc.

« L'honorable membre a dit que la Hollande n'a aucun intérêt dans la question du Luxembourg; j'accepte cette déclaration à une condition, c'est que la condition du Limbourg soit convenablement et complètement réglée.

« C'est donc avec grand plaisir que je fais connaître que la déclaration que le Limbourg est dégagé de tous les liens est maintenant donnée.

« J'ai insisté auprès du gouvernement prussien dans l'intérêt d'une bonne entente entre la Hollande et la France et entre la Hollande et la Prusse, pour que l'on enlève tous les griefs qui pourraient être tirés de l'exploitation de la condition du Limbourg; et je suis heureux que le gouvernement prussien ait donné à cet égard la déclaration la plus explicite. »

Le ministre donne lecture d'une note de laquelle il résulte que le comte de Bismark a fait savoir, après la détermination du territoire par le Parlement, que le Limbourg est dégagé de tous ses liens.

« Je crois, continue le ministre, que j'ai fait bien connaître le but du gouvernement hollandais. Il va de soi que je puis abandonner maintenant la question au représentant du grand-duché, qui se trouve actuellement ici. Et aujourd'hui que j'ai acquis la certitude que l'affaire du Limbourg est terminée, j'ajoute que je ne m'occuperai plus de l'affaire du Luxembourg, ni officiellement ni officieusement. »

M. de Thorbecke répliqua en quelques mots : il dit qu'il ne voulait point profiter de certaines phrases pour critiquer le ministre, ni prendre la défense du roi, qui avait dû agir de la manière qu'il jugeait la plus utile aux intérêts de ses sujets. Il signala l'obscurité de ce que M. Van Zuylen avait dit des démarches de la diplomatie néerlandaise; «mais, ajouta l'orateur, je ne veux pas y revenir. Je n'en dirai pas davantage. Je me réjouis seulement d'avoir fourni au ministre l'occasion de faire savoir qu'à partir de maintenant, le gouvernement hollandais s'abstiendra de toute intervention officielle et officieuse dans l'affaire du Luxembourg. Je désire aussi constater de nouveau que, quoi qu'il arrive au Luxembourg, quelques bruits qui soient répandus au sujet de cette affaire, quelque considération qu'elle puisse provoquer, la Hollande y est désormais tout à fait étrangère. »

La chambre passa à l'ordre du jour.

A partir de cette époque, en effet, les intérêts de Guillaume de Nassau, comme roi de Hollande, furent diplomatiquement séparés de ceux qu'il avait comme grand-duc du Luxembourg. Les agents des Pays-Bas à l'étranger cessèrent de représenter en même temps le grand-duché. M. Jonas, conseiller d'État, fut accrédité auprès du cabinet des Tuileries en qualité de chargé d'affaires du grand-duché de Luxembourg, et M. Fœhr en la même qualité, remit ses lettres de créance à M. de Bismark.

On verra encore plus tard qu'il fut impossible au gouvernement des Pays-Bas de se tenir entièrement à l'écart, d'observer la stricte abstention dont se félicitait M. de Thorbecke.

CHAPITRE IV

La question luxembourgeoise devant la Chambre des Communes.

Le même jour, 5 avril, la chambre des communes d'Angleterre entendait sir Robert Peel, qui sollicitait des explications sur le projet de céder le Luxembourg à la France avec ses deux cent mille habitants, dont cent quatre-vingt mille étaient Allemands, assertion dont nous contestions l'exactitude.

Sir Robert Peel reprochait au ministère sa politique d'isolement ; il se plaisait toutefois à croire que les représentations de lord Stanley avaient contribué à faire abandonner un projet si dangereux pour la Belgique, et si menaçant pour la paix de l'Europe. « Sans doute, disait-il, le Luxembourg a toujours été convoité par la France comme un point de première importance dans l'ordre défensif, mais les traités l'ont toujours considéré comme une partie de la Confédération germanique, et le gouvernement anglais ne voudra pas prêter sa connivence à des projets d'agrandissement qui, s'ils étaient maintenus, pourraient entraîner l'Europe dans une guerre générale. »

Lord Stanley répondit : « La question du Luxembourg peut devenir, en dernière analyse, une affaire de grande importance. Il a suffi qu'elle parût pour que, depuis dix jours, l'Europe fût notablement agitée. Cependant, les faits dont le très-honorable gentleman a parlé avec exactitude, se meuvent dans d'étroites limites. Et, quoiqu'il y ait lieu de regretter une ou deux assertions de l'honorable gentleman, je n'en suis pas

moins heureux qu'il m'ait fourni l'occasion de préciser, autant que je serai en mesure de le faire, l'état actuel de la question. Tout le monde sait que le gouvernement français a désiré entrer en possession du Luxembourg. Il est aussi suffisamment connu que le roi de Hollande était prêt à céder ce territoire à certaines conditions. Je dois rappeler à la chambre que cette affaire concerne le roi plutôt que le gouvernement hollandais. Ce territoire est indépendant de la Hollande, et ne s'y rattache que par les liens de l'identité du souverain. Je dois ajouter, dans l'intérêt de la vérité, que, autant que je puis savoir, le gouvernement et le peuple hollandais n'attachent pas une grande importance à ce territoire extérieur, et qu'ils ne croient pas qu'il ajoute quelque chose à la force, à la sécurité et à la prospérité de leur pays. Cependant, le fait est que le roi de Hollande n'a pas voulu faire la cession sans conditions.

« Je crois savoir qu'il a proposé diverses stipulations, et qu'il les a maintenues comme indispensables pour la conclusion. L'une de ces conditions était une certaine compensation ; mais je ne sais pas s'il la réclamait sous une forme directement pécuniaire. Une autre condition remarquable, sur laquelle le roi de Hollande a insisté, c'est que les vœux des populations fussent consultés. Une troisième condition, qui, au point de vue pratique, était la plus essentielle, c'était l'assentiment des grandes puissances, et particulièrement de la Prusse. Aujourd'hui la Prusse possède en fait, et prétend posséder légitimement, en vertu d'un traité spécial, le droit de garnison dans la forteresse de Luxembourg ; et à ce point de vue, comme aussi par le fait du voisinage, et comme étant à la tête des États confédérés d'Allemagne, elle a dans l'affaire un plus profond et plus étroit intérêt qu'aucune autre puissance européenne. Quand le gouvernement prussien sut ce qui se passait, il adressa des communications aux autres puissances signataires du traité d'avril 1839. Ce traité régularise les relations de la Belgique et de la Hollande, et garantit le Luxembourg à la Hollande.

« Une de ces communications fut adressée au baron de Beust, une autre au gouvernement de Sa Majesté ; j'ai reçu celle-ci dimanche dernier. Le très-honorable gentleman parle de cette négociation comme se référant à une date ancienne (sir R. Peel. Octobre dernier). Je ne sais ce qui a pu se passer secrètement, mais je puis dire qu'aucune information relative au projet de cession n'est parvenue au gouvernement de Sa Majesté avant ces dix derniers jours. Les questions qui m'étaient adressées étaient au nombre de deux : la première, si le gouvernement britannique s'efforcerait de dissuader le roi de Hollande de poursuivre les négociations que l'on supposait entamées ? et l'autre, quelle portée le gouvernement britannique attribuait au traité de 1839 ?

«Quant à la seconde de ces questions, je ne pouvais entreprendre d'y répondre définitivement, par cette raison qu'il était très-désirable, si quelque représentation devait être faite, ou quelque mesure prise à l'occasion du traité de 1839, qu'une représentation de ce genre n'émanât pas d'une seule puissance, mais du concert de toutes les puissances signataires, responsables comme nous. Pourtant, je ne dissimulai pas le doute où j'étais (je pourrais me servir d'un mot plus fort qui était dans mon esprit), que la garantie stipulée dans le traité de 1839 fût de nature à être appliquée au cas présent.

« Cette garantie avait certainement pour objet de défendre les intérêts du roi de Hollande comme grand-duc de Luxembourg, et de maintenir l'intégrité de son territoire. Mais, par suite, si le roi de Hollande renonçait volontairement à son intérêt dans le Luxembourg, et consentait un arrangement, cet intérêt cessait d'être en question, et l'affaire demeurant entre la France d'une part, et l'Allemagne de l'autre, devenait toute différente.

« En aucun cas, nous ne pouvions être tenus de défendre l'intégrité de l'empire germanique. L'Allemagne unie, comme elle l'est maintenant,—et pour mon compte je suis content qu'elle le soit,— unie dans des limites plus étendues que celles où elle le fut jamais, l'Allemagne est parfaitement en mesure de pourvoir à sa propre défense (Écoutez! écoutez!), et je ne pense pas qu'on pût facilement démontrer, quoique le raisonnement du très-honorable baronnet paraisse y tendre, qu'il était du devoir de l'Angleterre d'intervenir pour empêcher une transaction qui pourrait se résumer en un petit agrandissement du côté de la France, alors que le gouvernement et le peuple de ce pays ont vu sans protester, et même ont approuvé, je le crois, l'énorme agrandissement de l'Allemagne, ou plutôt de la Prusse, tête des États allemands, à la suite de la dernière guerre, dans les douze mois qui viennent de s'écouler. En ce qui concerne maintenant la question de savoir si nous dissuaderions le roi de Hollande de poursuivre les négociations, ma réponse est que j'ai été informé que, par le gouvernement du roi de Hollande, l'assentiment de la Prusse et celui du peuple de Luxembourg avaient tout d'abord été posés comme des conditions de la cession. Maintenant, je ne saurais entreprendre de dire quel est le sentiment du peuple de Luxembourg. Dès le début, j'avais fortement l'idée que le consentement de la Prusse ne serait jamais obtenu. Il était stipulé que, si les conditions n'étaient pas remplies, les négociations échoueraient; mais, si le peuple de Luxembourg ne faisait pas d'objection, et si la Prusse, la puissance la plus intéressée dans l'affaire, donnait son consentement, on ne pouvait dire qu'il fût du devoir du gouvernement anglais d'intervenir dans la transaction (Écoutez).

Il aurait été nécessaire, pour arriver à une solution définitive, de considérer les sentiments de toutes les puissances intéressées dans l'affaire, et telle fut la réponse que je fis. Je n'entrai pas dans des considérations plus détaillées, je n'ajoutai rien, par ce motif qu'hier, comme le sait la chambre, nous avons eu la nouvelle, non pas absolument officielle et certaine, mais que je crois vraie à certaines marques d'authenticité, que la cession du Luxembourg avait été abandonnée. Cette nouvelle, d'ailleurs, m'a été confirmée par le représentant du roi des Pays-Bas, qui m'est venu voir cette après-midi, et qui m'a autorisé à la donner comme venant de son gouvernement.

«Voilà, je pense, l'état de la question, en tant que la Hollande y est intéressée. Mais il m'est tout à fait impossible de dire si cela coupe court à toutes les éventualités qui pourraient surgir de l'affaire. Si la question devait renaître, elle renaîtrait sous une forme différente, et dans des circonstances entièrement différentes. Dans la phase qui vient de se terminer, le roi de Hollande était supposé partie consentante. Cet état de choses est aujourd'hui complétement modifié, et je n'ai pas la prétention de dire ce qui pourra sortir de la nouvelle situation créée par ce refus. J'ai maintenant établi tous les faits, et j'ai d'autant plus tenu à le faire, que toutes les communications qui me sont parvenues, — et, quoique je n'aie aucun document à mettre sur le bureau, la chambre peut croire que je lui ai livré toutes les informations dont je disposais; — que toutes les communications, dis-je, m'ont donné la conviction, — une conviction que la chambre partagera, je pense, — que nous avions raison de ne pas nous engager plus avant dans une transaction qui peut avoir des conséquences très-sérieuses, mais dans laquelle nos intérêts ne sont ni directement ni indirectement engagés (applaudissements), et où nous sommes absolument libres et affranchis de tout engagement. (Applaudissements.)

« Le très-honorable baronnet a aussi dit quelque chose touchant la sécurité de la Belgique. La sécurité de la Belgique est une tout autre affaire. Sur cette question, nous sommes engagés dans des garanties que nous avons contractées avec fermeté et résolution, mais la question de la sécurité de la Belgique ne s'est pas le moins du monde présentée dans le cours de la présente transaction. J'ai traité la matière telle qu'elle s'est présentée, et je crois inutile d'anticiper sur des difficultés qui ne se sont pas élevées. »

Malgré les applaudissements accordés au discours de lord Stanley, sir Robert Peel ne se tint pas pour satisfait. «Le noble lord, dit-il, a omis de répondre à une de mes questions. J'ai demandé si l'abandon de la cession du Luxembourg était due aux représentations de Sa Majesté, et le noble lord a dit que les puissances étaient d'accord pour faire des représentations. »

« Non ! non ! interrompit lord Stanley.

« Pardonnez-moi, reprit sir Robert Peel, la Russie a adressé des représentations au gouvernement français. Je désire savoir si le gouvernement de Sa Majesté a fait des observations à la Prusse ou à la Hollande sur le projet de cession. »

Le ministre des affaires étrangères d'Angleterre mit fin au débat en disant :

« Je croyais avoir répondu.

« Quant à une protestation écrite émanant de la Russie, c'est la première fois que j'en entends parler. Il n'est arrivé au Foreign-Office aucun renseignement attestant que le gouvernement russe ait agi dans cette affaire.

« Quant à savoir si l'abandon du projet de cession est dû aux remontrances du gouvernement britannique, je croyais avoir dit que cette cession, projetée par le roi de Hollande, dépendait du consentement de la population prussienne, et comme le consentement de la Prusse n'a jamais été donné et ne sera probablement pas donné, je ne me suis pas cru appelé à faire des remontrances, et l'abandon, si abandon il y a, n'est pas dû à l'action du gouvernement de Sa Majesté. »

CHAPITRE V

Communication du Gouvernement français au Corps législatif. — Débats de la séance du 8 avril 1867.

En France, le Sénat et le Corps législatif ne furent saisis de la question du Luxembourg que le 8 avril. Le ministre des affaires étrangères, M. le marquis de Moustier, donna lecture de la communication suivante :

« Messieurs,

« L'Empereur m'a donné l'ordre de vous faire connaître les circonstances au milieu desquelles est née la question du grand-duché de Luxembourg et la situation actuelle de cette affaire. Le Gouvernement français, dominé par la conviction profonde que les intérêts véritables et permanents de la France sont dans la conservation de la paix de l'Europe, n'apporte dans ses relations internationales que des pensées d'apaisement. Aussi n'a-t-il pas soulevé spontanément la question du grand-duché.

« La position indécise du Limbourg et du Luxembourg a déterminé une communication du cabinet de la Haye au Gouvernement français. Les deux souverains ont été appelés ainsi à échanger leurs vues sur la possession du Luxembourg. Ces pourparlers, d'ailleurs, n'avaient encore pris aucun caractère officiel lorsque, consulté par le roi des Pays-Bas sur ses dispositions, le cabinet de Berlin a invoqué les stipulations du traité de 1839.

« Fidèles aux principes qui ont constamment dirigé notre politique, nous n'avons jamais compris la possibilité de cette acquisition de territoire que sous trois conditions : le consentement libre du grand-duc de Luxembourg, — l'examen loyal des intérêts des grandes puissances, — le vœu des populations manifesté par le suffrage universel.

« Nous sommes donc disposés à examiner, de concert avec les autres cabinets de l'Europe, les clauses du traité de 1839.

« Nous apporterons dans cet examen le plus entier esprit de conciliation ; et nous croyons fermement que la paix de l'Europe ne saurait être troublée par cet incident. »

Au Corps législatif, cette communication fut suivie de deux demandes d'interpellations.

MM. Jules Favre, Garnier-Pagès, Eugène Pelletan, Jules Simon, Alexandre, Glais-Bizoin, Ernest Picard, comte Lanjuinais, Marie, Carnot, Paul Bethmont, Hénon, Léopold Javal, J. Magnier, demandèrent à interpeller le gouvernement sur les négociations engagées et sur les résolutions qu'il avait prises ou qu'il allait prendre à l'égard du duché de Luxembourg.

MM. Lambrecht, Plichon, marquis d'Andelarre, Hallez-Claparède, Martel, demandèrent l'autorisation d'interpeller le gouvernement sur la même question ; une troisième demande, antérieurement déposée, était signée de MM. Saint-Paul, Chagot, Laurent Descours, Émile Legris, Terne, Louvet, Larrabure.

M. Glais-Bizoin ouvrit brusquement la discussion :

« La conduite du Gouvernement dans cette affaire est inexplicable ! (Vives réclamations. — N'interrompez pas !)

« M. le Président Schneider. — Ne soyez pas si pressé : le Gouvernement va donner à la Chambre des explications.

« M. Glais-Bizoin. — C'est le pays qui est pressé, monsieur le Président ! (N'interrompez pas ! N'interrompez pas !)

« M. le Président Schneider. — J'ai l'honneur de donner connaissance à la Chambre que j'ai reçu de M. le Ministre d'État ampliation d'un décret ainsi conçu :

« Article 1er. M. le marquis de Moustier, notre mi-« nistre des affaires étrangères, est délégué pour faire « au Sénat et au Corps législatif une communication « relative à la question du grand-duché de Luxem-« bourg. (Mouvement. — Très-bien ! très-bien !)

« Art. 2. Notre ministre d'État est chargé de l'exé-« cution du présent décret. »

« Acte est donné au Gouvernement de cette communication.

« S. Exc. M. le marquis de Moustier, ministre des affaires étrangères. — Je demande la parole.

« M. le Président Schneider. — La parole est à M. le ministre des affaires étrangères.

« M. Berryer. — Nous demandons le renvoi dans les bureaux des demandes d'interpellations. (Bruit. — Laissez parler le ministre !)

(M. le ministre des affaires étrangères monte à la tribune. Un profond silence s'établit dans toute la salle.)

« M. le ministre des affaires étrangères. — Messieurs, L'Empereur m'a donné l'ordre de vous faire connaître les circonstances au milieu desquelles est née la question du grand-duché de Luxembourg et la situation actuelle de cette affaire.

« Le Gouvernement français, dominé par la conviction profonde que les intérêts véritables et permanents de la France, sont dans la conservation de la paix de l'Europe, n'apporte dans ses relations internationales que des pensées d'apaisement. Aussi n'a-t-il pas soulevé spontanément la question du grand-duché.

« La position indécise du Limbourg et du Luxembourg a déterminé une communication du cabinet de la Haye au Gouvernement français. Les deux souverains ont été appelés ainsi à échanger leurs vues sur la possession du Luxembourg. Ces pourparlers d'ailleurs n'avaient encore pris aucun caractère officiel lorsque, consulté par le roi des Pays-Bas sur ses dispositions, le cabinet de Berlin a invoqué les stipulations du traité de 1839.

« Fidèles aux principes qui ont constamment dirigé notre politique, nous n'avons jamais compris la possibilité de cette acquisition de territoire que sous trois conditions :

« Le consentement libre du grand-duc de Luxembourg ;

« L'examen loyal des intérêts des grandes puissances ;

« Le vœu des populations manifesté par le suffrage universel.

« Nous sommes donc disposés à examiner, de concert avec les autres cabinets de l'Europe, les clauses du traité de 1839. Nous apporterons dans cet examen le plus entier esprit de conciliation, et nous croyons fermement que la paix de l'Europe ne saurait être troublée par cet incident. (Très-bien ! très-bien ! sur un très-grand nombre de bancs. — Rumeurs diverses sur quelques autres.)

« M. Eugène Pelletan. — Cela ne dit rien du tout. (Exclamations.)

« M. Roques-Salvaza. — Vous n'êtes pas contents ?

« M. Eugène Pelletan. — Ce n'était pas la peine de monter à la tribune pour dire de pareilles choses. (Murmures sur divers bancs.) Alors nous demandons communication des pièces... (N'interrompez pas !)

« M. Berryer. — Je demande la parole.

« M. le Président Schneider. — Permettez-moi, monsieur Berryer, la situation me paraît très-nette...

« M. Berryer. — Je crois la comprendre d'une certaine manière ; permettez-moi d'expliquer comment je l'entends.

« M. le Président Schneider. — Je n'entends rien préjuger contre vos appréciations ; j'entends dire seulement que l'exercice du droit d'interpellations ne rencontre aucun obstacle par suite de la communication qui vient d'être faite. Si les demandes d'interpellations subsistent, elles suivront leur cours et seront examinées dans la forme voulue par le règlement. (Très-bien ! très-bien !)

« M. Berryer. — C'est précisément ce que je voulais dire. Je voulais demander que M. le Président annonçât que les demandes d'interpellations seraient renvoyées dans les bureaux.

« Je désire ajouter un mot : c'est que cette affaire, dans laquelle la France est intéressée autant qu'aucune autre puissance, a été délibérée librement dans tous les États de l'Europe, dans le parlement anglais, dans le parlement allemand, dans les Chambres hollandaises, et que même le gouvernement russe en a fait l'objet d'une communication officielle à son peuple.

« Dans une telle situation, la délibération au sein du Corps législatif français est indispensable. (Marques d'assentiment sur plusieurs bancs.)

« M. Glais-Bizoin. — Il faut communiquer les pièces !

« M. le Président Schneider. — Je tiens à constater une chose, c'est que personne n'entend mettre obstacle au vœu exprimé par l'honorable M. Berryer ; mais nous sommes en présence de formes que nous devons respecter. Les choses suivront leur cours. Il restera toutefois ce fait, que le Gouvernement a pris l'initiative aujourd'hui d'une communication qui précède les demandes d'interpellations. (C'est vrai ! c'est vrai ! — Très-bien !)

« M. Eugène Pelletan. — Qui les suit ! qui les suit ! (Rumeurs en sens divers.)

« M. Glais-Bizoin. — Qu'on accepte les interpellations !

« M. le Président Schneider. — Demeurons dans la vérité des faits et dans leur bonne foi. En réalité, quand je communique à la Chambre un décret signé avant la séance, parce que l'honorable M. Jules Favre a pris la parole une minute avant que j'en fasse la lecture, il n'en est pas moins vrai que le Gouvernement avait pris l'initiative et que l'initiative lui reste. (C'est évident ! — Très-bien ! très-bien !)

« M. Glais-Bizoin. — Qu'il s'explique alors !

« M. Thiers. — Je demande à faire une observation.

« M. le Président Schneider. — M. Thiers à la parole.

« M. Thiers. — Nous reconnaissons parfaitement que le Gouvernement a pris l'initiative. (Ah ! ah !)

« *Un membre.* — C'est bien heureux !

« M. Glais-Bizoin. — Il l'a prise tardivement!

« M. Thiers. — Mais, dans tous les pays où l'on fait intervenir la nation dans ses affaires, on ne lui soumet jamais une question sans lui fournir les moyens de s'éclairer. Une communication de vingt lignes, quelque bonne, quelque excellente qu'on puisse la juger, ne peut suffire pour faire apprécier la question dont il s'agit. Il doit y avoir des dépêches qu'on peut nous communiquer... (Interruption. — Mouvements divers.)

« *Un membre.* — Vous préjugez la question d'interpellations.

« M. Thiers. — Vous voulez que la demande d'interpellations suive son cours. Les bureaux l'examineront; mais les bureaux n'en connaîtront pas plus que nous.

« Dans tous les pays où l'on veut que la nation intervienne dans ses affaires, on l'instruit.

« S. Exc. M. le Ministre d'État et des finances. — Je demande la parole.

« M. Thiers. — Sur quoi discuterons-nous? sur des pièces données par les journaux? Il faut que nous ayons des pièces; et puisqu'on a pris l'initiative, on peut communiquer, sinon toutes les dépêches, au moins quelques-unes, si l'on ne veut pas que nous soyons réduits à discuter d'une manière tout à fait conjecturale. (Bruits et mouvements divers.)

« Il est impossible de discuter sur une communication qui, je le répète, n'a que vingt lignes.

« M. le Ministre d'État et des finances. — Les termes mêmes de la communication dont le Gouvernement a pris l'initiative expliquent que la question du grand-duché de Luxembourg n'est pas encore entrée dans la voie diplomatique officielle et n'a donné lieu qu'à un simple échange de pourparlers. L'honorable M. Thiers rappelle ce qui s'est passé à propos de cette question dans d'autres parlements, à la Chambre des Communes d'Angleterre, au parlement du Nord, au parlement de Hollande.

« Une question a été adressée aux ministres compétents; les ministres ont immédiatement répondu et expliqué l'affaire; c'est, messieurs, le but que nous avons voulu atteindre nous-mêmes par la communication qui vient de vous être faite. Nous n'avons pas de dépêches à déposer sur le bureau du Corps législatif, parce qu'il n'existe pas de dépêches émanées du Gouvernement français sur la question du grand-duché. Mais si les bureaux croient devoir, après examen des demandes d'interpellations, les accueillir, nous aurons à nous expliquer. (Rumeurs sur quelques bancs.)

« M. Glais-Bizoin. — Les acceptez-vous?

« M. le Ministre. — Je n'ai pas entendu l'interruption.

« Je disais que si les bureaux, examinant les demandes d'interpellations, croient devoir les accueillir, nous aurons à nous expliquer; mais le Gouvernement est convaincu que la lecture attentive du document dont M. le ministre des affaires étrangères vous a donné connaissance est de nature à satisfaire les susceptibilités de la Chambre et l'opinion du pays. (Approbations sur un grand nombre de bancs. — Réclamations sur quelques autres.)

« (M. Thiers se lève pour parler.)

« M. Émile Ollivier. — Je demande la parole.

« M. le Président Schneider. — La parole est à M. Thiers.

« M. Thiers. — Messieurs, puisque M. le ministre d'État me fait l'honneur de me répondre, on me permettra de lui adresser une courte réplique.

« D'abord, je n'ai cité les pays étrangers que d'une manière générale.

« M. le ministre d'État. — C'est M. Berryer qui les a désignés.

« M. Thiers. — Je vous ai dit que dans aucun pays on n'a refusé, pour une question infiniment moins grave que celle-ci, de donner à la nation les moyens de s'instruire.

« Quant à la question dont il s'agit, ce qui s'est passé dans tous les pays où il y a des parlements et où des communications ont été échangées ne pourrait nous servir de règle, parce que ces pays ne sont que très-indirectement intéressés; ils ne sont en quelque sorte que les spectateurs du grand débat qui vient de s'engager. (Oh! oh!)

« *Un membre.* — Et la Hollande.

« M. Thiers. — Permettez! Nous avons apparemment, dans cette question, un intérêt bien autre, par exemple, que celui qu'ont l'Angleterre et la Russie.

« *Une voix.* — Et la Prusse.

« M. Thiers. — Nous avons une position spéciale qui nous donne le droit de demander des lumières beaucoup plus grandes que celles qu'on vient de nous fournir.

« J'ajouterai que les discussions qui ont eu lieu sur ce sujet dans d'autres pays, ont été beaucoup plus développées et plus complètes que la communication qu'on vient de nous faire, et cependant notre pays a le droit d'être plus instruit, beaucoup plus instruit sur un sujet qui peut engager toutes ses destinées... (Vive interruption.)

« Comment! il y a quelqu'un ici qui pourrait m'interrompre sur ce point! Comment! les destinées de la France ne seraient pas engagées dans une pareille question? (Vif mouvement d'approbation mêlé d'applaudissements autour de l'orateur. — Mouvements divers.)

« Il s'agit de ses plus graves intérêts, il s'agit de son honneur, il s'agit d'une question dont la solution peut entraîner la paix ou la guerre, et vous me direz que nous avons le droit d'être indifférents ou de nous contenter?

« *Autour de l'orateur.* — Non! Non!

M. Thiers. — Je parle devant mon pays, je le prends pour juge. Ce n'est pas devant la communication qui vient de nous être faite que nous pouvons nous déclarer assez instruits pour discuter avec fruit. (Approbation sur plusieurs bancs.)

« (M. le ministre d'État se lève pour parler).

« M. Émile Ollivier. — Je demande la parole.

« M. le ministre d'État.—Si l'honorable M. Ollivier a une observation à faire dans le même sens, je répondrai aux deux orateurs à la fois.

« M. Émile Ollivier. — J'accepte l'offre de M. le ministre d'État, parce que je désirerais faire une question au gouvernement.

« Le gouvernement vient de nous faire une communication dans le but de faire connaître au pays préoccupé... (Interruption.)

« Une voix. — Inquiet.

« M. Émile Ollivier. — Je ne veux rien exagérer ; laissez-moi dire préoccupé.

« Le gouvernement vient de vous faire une communication dans le but de foire connaître au pays préoccupé la situation exacte de l'affaire du Luxembourg.

« Ce n'est point le lieu de discuter...

« Un membre. — C'est évident !

« M. Émile Ollivier. — ... et je ne veux point seulement le tenter ; je veux seulement dire que, bien que j'aie écouté avec la plus grande attention les explications qui nous ont été données par M. le ministre des affaires étrangères, je n'y ai pas entendu même prononcer le nom de la Prusse. Les explications qui nous ont été fournies m'ont paru surtout relatives à la partie de l'affaire qui se passe entre la Hollande et la France.

« Ce n'est pas là ce qui préoccupe l'opinion publique et ce qui l'émeut. L'émotion est produite par l'attitude singulière que le gouvernement prussien paraît vouloir prendre vis-à-vis de la France...

« Voix diverses. — C'est cela! Oui !

« Un membre. — C'est de la discussion !

« Un autre membre. — Laissez parler !

« M. Émile Ollivier. — ... attitude qui, si elle était conforme à ce que les journaux du monde entier racontent...

« Un membre. — Cela ne signifie rien , les journaux !

« M. Émile Ollivier. — ... serait offensante pour la France, et ne pourrait être tolérée par elle. (Mouvements divers.)

« Je ne doute pas, quant à moi, que, quoi qu'il arrive, le gouvernement ne remplisse noblement et fièrement ses devoirs... (Très-bien.)

« M. Berryer. — C'est ce que nous verrons plus tard.

« M. Émile Ollivier. — Seulement, et c'est uniquement le but de mon observation, s'il a cru rassurer et éclairer l'opinion publique par sa communication, il

s'est mépris. Pour y réussir, il eût fallu établir avec certitude et précision la véritable situation dans laquelle nous sommes actuellement vis-à-vis de la Prusse. (Bruit.)

« M. Berryer. — C'est précisément l'objet des interpellations.

« M. Émile Ollivier. — Je comprends les difficultés d'un gouvernement qui négocie. (Interruptions.)

« Quelques membres. — Mais tout cela, c'est de la discussion.

« M. Émile Pereire. — Que devient le règlement dans tout cela?

« M. le président Schneider. — Je ferai remarquer à M. Émile Ollivier que les développements auxquels il se livre me paraissent beaucoup ressembler à une discussion, ou qu'ils équivaudraient à l'introduction d'une interpellation nouvelle... (C'est vrai !)

« M. Émile Ollivier.— Je ne le pense pas, M. le président, et je continue.

« Le gouvernement est libre de ne pas répondre. Je ne discute pas, je dis seulement ceci, que s'il veut calmer et éclairer l'opinion publique, il doit compléter et préciser sa communication. (Mouvements divers.)

« M. Berryer. — J'insiste pour que toute discussion s'arrête quant à présent. En ce moment, il s'agit seulement, pour M. le président, de prononcer le renvoi de la demande d'interpellations dans les bureaux; il s'agit, pour l'assemblée, de se retirer dans ses bureaux. (C'est cela !) Je n'admets pas que la communication qui vous a été faite par M. le ministre des affaires étrangères rende les interpellations inutiles ; je n'admets pas non plus qu'il faille entrer dans la discussion de la question qui fait l'objet des interpellations. Nous n'avons pas de discussion engagée en ce moment ; il s'agit uniquement, je le répète, de statuer sur le renvoi dans les bureaux de la demande d'interpellations. (Assentiment.)

« M. le ministre d'État. — Je ne veux nullement élever cet incident à la proportion d'un débat, car ce débat serait complétement prématuré. (C'est cela ! c'est cela !) La question posée par l'honorable M. Émile Ollivier en est la preuve. Malgré la grande attention qu'il a apportée à l'audition de la communication qui a été faite par le gouvernement, il a cru que cette communication ne prononçait pas le nom du cabinet de Berlin.

« C'est une erreur qu'il a commise involontairement : la communication porte textuellement que, consulté par le roi des Pays-Bas sur ses dispositions, le cabinet de Berlin a invoqué les stipulations du traité de 1839. Elle ajoute que nous sommes prêts à examiner, de concert avec les cabinets de l'Europe, la portée des clauses de ce traité. (C'est cela ! — Très-bien !)

« Je termine par un mot de réponse à l'honorable M. Thiers. Au cas où les bureaux autoriseraient, après la lecture du document qui vient d'être porté à la connaissance de la chambre, les interpellations qui sont deman-

Landwehr prussienne.

dées, le moment serait venu pour mon contradicteur de formuler les questions qu'il jugerait convenables.

« Quant à présent, je n'ai pas d'autre réponse à faire à ses observations. (Très-bien ! très-bien !)

« M. Glais-Bizoin. — Acceptez-vous les interpellations ?

« M. le président Schneider. — L'incident est clos. Les bureaux seront consultés et se prononceront sur les demandes d'interpellations. »

Les bureaux de la chambre, à l'unanimité, refusèrent, le 10 avril, d'autoriser les demandes d'interpellations.

CHAPITRE VI

Articles du *Courrier de la Moselle* et de la *Gazette d'Augsbourg.* — Vote de la Constitution de la Confédération de l'Allemagne du Nord. — États qui composent cette Confédération. — La présidence à la Prusse. — Compositon du Parlement fédéral.

Les communications faites, les paroles échangées dans les séances des 5 et 8 avril, mirent plus que ja-

mais le public en émoi. Tous les journaux furent remplis de dissertations sans fin sur l'affaire du Luxembourg ; et nous le disons avec impartialité, abstraction faite de prédilections patriotiques bien naturelles, la modération fut constamment du côté de la presse française, qui se borna à établir que les Prussiens n'avaient plus aucune espèce de droit à conserver des troupes dans la forteresse de Luxembourg. Les inconvénients de leur illégitime présence dans cette place furent définis avec une remarquable lucidité par un journal de Metz, le *Courrier de la Moselle.* Il ne tenait pas à l'acquisition du grand-duché, mais il faisait ressortir que la forteresse n'était qu'à une étape de Longwy et de Thionville, qu'à deux étapes de Metz ; qu'elle était fortifiée par l'art et par la nature, en état de ravitailler une grande armée, reliée par des chemins de fer à Mayence, à Coblentz, à Cologne, admirablement située pour servir de base d'opérations à une armée, qui de la rive droite du Rhin passerait sur la rive gauche pour envahir la France.

« L'occupation de Luxembourg par la Prusse, disait le *Courrier de la Moselle*, peut donc être regardée comme un poignard enfoncé dans le cœur de la

France par les traités de 1815. Or, ces traités n'existent plus. La Prusse, si agrandie aujourd'hui, n'a plus aucun titre pour occuper une place d'une si haute importance pour la défense de notre pays. On doit comprendre de là l'intérêt immense qu'a la France à faire changer cet état de choses, surtout si le roi de Hollande, à qui appartient le Luxembourg, veut bien nous faciliter cette transaction.

« Il est bon, d'ailleurs, de faire observer que l'occupation de cette place par la France ne saurait donner aucun ombrage à l'Allemagne. La forteresse est située en dehors des possessions de celle-ci : par sa position géographique elle ne peut servir en rien à la défense du territoire allemand, pas plus qu'elle ne peut servir à la France pour l'attaquer. »

A part l'expression un peu romantique de *poignard enfoncé dans le cœur de la France*, les réflexions du *Courrier de la Moselle* étaient assurément fondées, et convenables dans la forme. Elles suscitèrent pourtant, sur la rive droite du Rhin, des colères, dont le diapason s'éleva graduellement.

La *Gazette d'Augsbourg*, par exemple, faisait ironiquement ressortir ce que la France avait gagné à révoquer en doute les droits que la Prusse pouvait avoir à occuper non-seulement la citadelle de Luxembourg, mais encore Landau, Mayence et Germersheim. C'était grâce à ce que la *Gazette d'Augsbourg* appelait les convoitises françaises, qu'au mois d'août 1866 le Wurtemberg, la Bavière et Bade avaient précipitamment signé le traité avec la Prusse. C'étaient ces convoitises qui avaient à propos fourni à M. de Bismark le moyen d'exercer une pression sur le Reichstag, et de faire voter la constitution fédérale, qui mettait à la libre disposition de la Prusse les forces militaires de l'Allemagne.

En effet, le Reichstag vota presque sans discussion, et, pour ainsi dire, au galop, une constitution commune aux États de Prusse, avec Lauenbourg, Saxe, Mecklembourg-Schwerin, Saxe-Weimar, Mecklembourg-Strélitz, Oldenbourg, Brunswick, Saxe-Meiningen, Saxe-Altenbourg, Saxe-Cobourg-Gotha, Anhalt, Schwartzbourg-Rudolstadt, Schwartzbourg-Saundershausen, Waldeck, Reuss, ligne aînée, Reuss, ligne cadette, Schaumbourg-Lippe, Lippe-Lubeck, Brême, Hambourg, et la partie du grand-duché située au nord du Mein.

Ce pacte assure à la Prusse des avantages considérables. La présidence de la confédération appartient à la couronne de Prusse, qui a droit, en cette qualité, de représenter la confédération dans les relations internationales, de déclarer la guerre ou de décider la paix au nom de la confédération, de conclure des alliances et d'autres traités avec des États étrangers, d'accréditer et de recevoir des envoyés diplomatiques.

Autant que les traités avec les États étrangers se rapportent à des objets qui sont du domaine de la législation fédérale, l'assentiment du conseil fédéral est nécessaire pour leur conclusion, et celui du Reichstag pour leur validité.

C'est à la présidence qu'il appartient de convoquer le conseil fédéral et le Reichstag, d'en faire l'ouverture, de les proroger et de les clore. La convocation du conseil fédéral et du Reichstag a lieu annuellement, et le conseil fédéral peut être convoqué sans le Reichstag pour l'élaboration des travaux ; mais ce dernier ne peut être convoqué sans le conseil fédéral.

Le conseil fédéral doit être convoqué chaque fois qu'un tiers des voix le demande. Le chancelier fédéral peut se faire représenter, dans la direction des affaires, par tout autre membre du conseil fédéral, au moyen d'une substitution écrite. La présidence du conseil fédéral appartient au chancelier fédéral, qui est nommé par la présidence.

La présidence présente les propositions nécessaires, conformément aux résolutions du conseil fédéral, au Reichstag, où elles seront défendues par des membres du conseil fédéral ou par des commissaires spéciaux nommés par ce dernier.

A la présidence appartiennent l'expédition, la promulgation des lois fédérales et la surveillance de leur exécution. Les mesures prises à cet effet par la présidence sont rendues au nom de la confédération, et ont besoin pour être validées d'être contre-signées par le chancelier fédéral, qui en prend la responsabilité.

A la présidence appartient encore le droit de nommer les fonctionnaires de la confédération, de recevoir leur serment au nom de la confédération, et de les révoquer, s'il y a lieu.

Plusieurs articles règlent les formes de l'exécution, qui a pour but de contraindre les confédérés récalcitrants à remplir leurs devoirs fédéraux. Elle peut, s'il s'agit de prestations militaires, et lorsqu'il y a péril en la demeure, être ordonnée et accomplie par le chef de guerre fédéral ; dans tous les autres cas, elle devra être décrétée par le chef de guerre fédéral.

L'exécution peut être étendue jusqu'à la séquestration du pays qu'elle concerne et de ses pouvoirs gouvernementaux ; mais il devra être donné connaissance sans délai, au conseil fédéral, de l'exécution ordonnée avec exposé des motifs.

Le chef fédéral, comme on le voit, n'a pas négligé les intérêts de sa puissance, et a su se faire attribuer de notables prérogatives.

Voyons maintenant quelles sont celles de la représentation nationale.

Le parlement de l'Allemagne du Nord ou Reichstag, émane d'élections universelles et directes.

Les fonctionnaires sont éligibles au Reichstag. Si un membre du Reichstag accepte dans la confédération ou dans un État fédéral une fonction publique rétribuée, s'il est promu dans la confédération ou dans un État fédéral à une fonction jouissant d'un rang ou d'un traitement plus élevé, il perd son siége dans le Reichstag, et ne peut le recouvrer que par une nouvelle élection.

Les délibérations du Reichstag sont publiques.

Les comptes rendus conformes à la vérité des débats des séances publiques du Reichstag sont exempts de toute responsabilité.

Le Reichstag a le droit de proposer des lois dans les limites de la compétence de la confédération, et de renvoyer au conseil fédéral ou au chancelier fédéral les pétitions qui lui sont adressées.

La période législative du Reichstag dure trois ans.

Pour dissoudre le Reichstag pendant cette période, il faut une résolution du conseil fédéral, rendue avec l'assentiment de la présidence.

Au cas de dissolution du Reichstag, il faut que les électeurs soient réunis dans un délai de soixante jours, et le nouveau Reichstag lui-même dans un délai de quatre-vingt-dix jours après la dissolution.

Le Reichstag ne pourra être prorogé pendant plus de trente jours, et la prorogation ne pourra être renouvelée pendant la même session sans l'assentiment du Reichstag.

Le Reichstag vérifie les pouvoirs de ses membres et en décide.

Il arrête la marche de ses délibérations et sa discipline par un règlement ; il élit son président, ses vice-présidents et ses secrétaires.

Le Reichstag prend des décisions à la majorité absolue des voix.

Pour qu'une décision soit valable, il faut que la majorité du nombre légal des membres soit présente.

CHAPITRE VII

Lois douanières de la Confédération de l'Allemagne du Nord. — Perception des impôts. — Chemins de fer. — Postes et télégraphes. — Direction suprême donnée à la Prusse. — Villes hanséatiques.

Le pacte fédéral ne traite pas seulement de matières politiques ; il fixe aussi les bases d'une union douanière, et règle les intérêts commerciaux. La confédération forme un territoire douanier et commercial entouré d'une frontière douanière commune. Restent exclues les parties de territoire qui, par leur position, ne sont pas propres à être renfermées dans la frontière douanière.

Tous les objets à l'égard desquels le commerce est libre dans un État fédéral quelconque peuvent être importés dans tout autre État fédéral, et ne peuvent être imposés dans ce dernier qu'autant que les produits indigènes similaires y sont soumis à un impôt.

Les villes hanséatiques de Lubeck, Brême et Hambourg subsistent avec un district répondant à leur territoire actuel, comme ports francs, et en dehors de la frontière douanière commune, jusqu'à ce qu'elles demandent à y rentrer.

A la confédération, exclusivement, appartient la législation sur tout ce qui concerne les douanes, sur les impôts frappant la consommation du sucre indigène, de l'eau-de-vie, du sel, de la bière, du tabac, et sur les mesures qui sont nécessaires pour assurer, dans les lieux exclus de la frontière douanière, le respect de la frontière douanière commune.

La perception et l'administration des douanes et des impôts de consommation restent à chaque État fédéral dans son territoire, autant qu'il les a exercées jusqu'ici. La présidence fédérale surveille l'observation des procédés légaux, par des fonctionnaires fédéraux qu'elle adjoint aux bureaux de douanes et de contributions et aux autorités dirigeantes des États particuliers, après avoir pris l'avis du comité des douanes et des contributions institué au sein du conseil fédéral.

Le conseil fédéral prend des décisions :

1° Sur les traités de commerce et de navigation ;

2° Sur les règles et arrangements d'administration qui devront être soumis au Reichstag ;

3° Sur les règles et arrangements administratifs qui doivent être adoptés pour l'exécution de la législation commune ;

4° Sur les vices qui se manifestent dans l'exécution de la législation commune ;

5° Sur la fixation définitive, qui lui est soumise par ses agents comptables, des contributions à verser dans la caisse fédérale.

La présidence prussienne a su encore se faire la bonne part dans les délibérations relatives à ces quatre points.

Toute proposition présentée au conseil fédéral sur un des précédents objets 1 à 3 par un État fédéral ou sur les objets 3 par un fonctionnaire contrôleur est soumise à une décision commune. En cas de divergence d'opinion, la présidence aura voix prépondérante dans les cas 1 et 2, si le conseil se prononce pour le maintien de la prescription ou de l'arrangement existant ; mais dans tous les autres cas, la majorité des voix décidera.

A la caisse fédérale est versé le produit de toutes les recettes faites sur les douanes et les impôts de consommation, déduction faite :

1° Des bonifications et remises faites conformément aux règles générales de l'administration ;

2° Des frais de perception et d'exploitation, savoir :

Pour les droits sur le sucre indigène, en tant que ces frais, d'après la convention des membres du Zollverein allemand, pourraient être attribués à la communauté ;

Pour l'impôt du sel indigène, aussitôt qu'un impôt

pareil sera établi, de même qu'un droit de douane sur le sol étranger, après la suppression du monopole du sel, le montant des frais de surveillance et de perception causés par les salines;

Pour les autres impôts, 15 p. 0/0 de la recette totale.

Les pays situés en dehors de la frontière douanière contribueront aux dépenses fédérales par le payement d'une somme proportionnelle.

Les extraits de trimestre, que les autorités de perception des États fédéraux devront fournir tous les trimestres, et les comptes finaux à établir après la clôture de l'année et des livres sur les recettes en matière de douanes et d'impôts de consommation opérées pendant le trimestre ou l'année, seront réunis en aperçus généraux, après vérification faite par les autorités dirigeantes des États fédéraux, lesquels aperçus seront envoyés au comité de comptabilité du conseil fédéral.

Ce dernier établira, d'après ces aperçus, tous les trimestres, la somme due à la caisse fédérale par chaque caisse des États particuliers, et donnera connaissance de cette somme au conseil fédéral et aux États fédéraux.

Il soumettra annuellement aussi la fixation définitive, de ces sommes, avec ses observations, à la décision du conseil fédéral.

Les dispositions du traité d'union douanière du 16 mai 1865, du traité du 28 juin 1864, sur l'imposition égale des produits intérieurs, du traité du même jour sur le commerce du vin et du tabac, et de l'article 2 du traité de douane et d'adhésion du 11 juillet 1864, et de même celles des traités thuringiens, restent en vigueur pour les États fédéraux intéressés dans ces traités, en tant qu'elles ne sont pas modifiées par les prescriptions de la nouvelle constitution, et tant qu'elles ne seront pas changées. Dans ces limites, les dispositions du traité d'union douanière du 16 mai 1865 seront applicables aussi aux États fédéraux et territoires qui n'appartiennent pas actuellement au Zollverein allemand.

Les chemins de fer, qui créent et consolident si efficacement l'unité matérielle, n'ont pas été oubliés dans la constitution de l'Allemagne du Nord. Ceux qui sont jugés nécessaires dans l'intérêt de la défense du territoire fédéral ou des communications générales peuvent être établis au compte de la Confédération en vertu d'une loi fédérale, même malgré les membres fédéraux dont ils traversent les territoires, sans préjudice de leur souveraineté, ou concédés à des entrepreneurs particuliers, avec le droit d'expropriation. Toute administration de chemin de fer existante est obligée de consentir à la jonction avec des chemins de fer nouveaux, aux frais de ces derniers. Les dispositions légales qui accordent à des entreprises existantes des chemins de fer un droit d'opposition à l'établissement des chemins parallèles ou de concurrence, sont supprimées pour tout le territoire fédéral,

sans préjudice des droits acquis, et il est bien stipulé que les concessions nouvelles ne pourront jamais accorder ce droit d'opposition, dont il est facile de comprendre les inconvénients.

Les gouvernements fédéraux s'engagent à administrer, dans l'intérêt des communications générales, les chemins de fer situés sur le territoire fédéral comme un réseau unitaire, et à faire établir et pourvoir du matériel les nouveaux chemins de fer d'après les formes unitaires. La Constitution décide, en conséquence, que tous ses membres adopteront le plus rapidement possible les procédés analogues d'exploitation, et, en particulier, qu'ils feront établir des règlements de police, des voies identiques. La Confédération devra veiller à ce que les administrations de chemins de fer entretiennent constamment les voies dans un état offrant la sécurité nécessaire, et à ce qu'elles les pourvoient du matériel qu'exigent les besoins de communication.

Les administrations de chemins de fer sont obligées d'organiser les trains des voyageurs et de marchandises voulus avec la vitesse requise, et d'instituer aussi des expéditions directes de personnes et de marchandises, en permettant le passage des moyens de transport d'une voie à l'autre, sous condition de l'indemnité d'usage.

La Confédération a le contrôle des tarifs. Elle agira notamment dans le but :

1° De faire introduire le plus tôt possible pour chemins de fer du territoire fédéral des règlements d'exploitation concordants;

2° D'obtenir l'uniformité et le plus grand abaissement possible de ceux-ci : en particulier, pour le transport de charbons, de coke, de bois, de minerais, de pierres, de sel, de fer brut, d'engrais et d'objets semblables, un tarif réduit répondant aux besoins de l'agriculture et de l'industrie pour de grandes distances, finalement le tarif d'un pfenning par quintal et mille géographique dans tout le territoire fédéral.

Dans les cas de détresse, notamment lors d'une cherté extraordinaire des vivres, les administrations de chemins de fer sont obligées d'établir temporairement un bas tarif fixé par la présidence, sur la proposition du conseil fédéral, notamment pour le blé, les farines, les légumes secs et les pommes de terre. Ce tarif ne pourra descendre néanmoins au-dessous du taux le plus bas admis sur le chemin dont il s'agit pour les matières premières.

Toutes les administrations de chemins de fer devront faire droit sans objection aux demandes des autorités fédérales concernant l'emploi des chemins de fer dans le but de la défense du territoire fédéral. En particulier, les troupes et le matériel de guerre devront être transportés à des prix égaux et réduits.

Viennent ensuite des règlements sur les postes et télégraphes, qui seront organisés et administrés pour tout le territoire de la confédération du Nord comme institutions publiques communes.

La législation de la confédération nouvelle, en matière de postes et de télégraphes, ne s'étend pas aux objets dont le règlement, d'après les principes admis actuellement dans l'administration des postes et télégraphes prussiens, est abandonné aux ordonnances de l'administration.

Les recettes des postes et télégraphes sont communes pour toute la confédération. Les dépenses sont faites au moyen des recettes communes. Les excédants sont versés dans la caisse fédérale.

Le gouvernement prussien, pour lequel tous les détails ont leur prix, a eu soin de se faire donner la direction supérieure des postes et télégraphes. N'est-ce pas lui qui, comme le dit l'article 50 de la constitution, a, comme président fédéral, « le droit et le devoir de faire en sorte que l'unité soit établie et maintenue dans l'organisation de l'administration et l'exploitation du service, ainsi que dans la qualification des employés ? »

La présidence devra se charger des fixations réglementaires et de tous les arrangements administratifs, de même que des rapports avec les administrations postales ou télégraphiques d'autres pays allemands ou étrangers. Tous les employés de l'administration postale et télégraphique sont tenus d'obéir aux ordonnances de la présidence fédérale.

Cette obligation sera exprimée dans le serment de service qu'ils auront à prêter. La nomination des employés supérieurs nécessaires auprès des autorités administratives de la poste et de la télégraphie dans les diverses circonscriptions (par exemple, des directeurs, conseillers, inspecteurs généraux), en outre, la nomination des employés des postes et des télégraphes, fonctionnant sous la surveillance et dans les diverses circonscriptions comme organes desdites autorités (inspecteurs, contrôleurs), émane, pour tout le territoire de la confédération du Nord, de la présidence, à laquelle ces employés prêtent serment.

Il sera donné communication à temps desdites nominations aux gouvernements des différents pays, en tant qu'elles concernent leur territoire, afin qu'ils les confirment et les publient.

Les autres employés nécessaires auprès des autorités administratives des postes et des télégraphes, de même que tous les employés de l'exploitation locale et technique, par conséquent les employés fonctionnaires dans les bureaux proprement dits, seront nommés par les gouvernements respectifs. Pour les pays où il n'existe pas une administration indépendante des postes et des télégraphes, on s'en tiendra aux dispositions des traités.

Pour mettre fin à la dispersion des postes et des télégraphes dans les villes hanséatiques, l'administration et l'exploitation des diverses institutions postales et té-légraphiques publiques qui se trouvent dans ces villes, seront réunies, conformément à des dispositions ultérieures de la présidence fédérale, qui donnera aux Sénats l'occasion d'exprimer leurs vœux à ce sujet.

En ce qui concerne les établissements allemands qui se trouvent dans ces villes, cette réunion devra être opérée immédiatement. Avec les gouvernements non allemands qui possèdent ou exercent encore dans les villes hanséatiques des droits postaux, on prendra les arrangements nécessaires pour arriver au but mentionné.

Dans l'affectation de l'excédant de l'administration des postes à des buts fédéraux généraux, on observera, en vue de la différence des recettes des administrations postales des États particuliers, et à l'effet d'établir une compensation convenable pour l'époque de transition fixée ci-dessus, les procédés suivants :

Sur les excédants de recettes postales donnés dans les divers territoires postaux pendant les cinq années 1861 à 1865, on calculera un excédant annuel moyen, et on fixera d'après cette moyenne, en tant pour cent, la part dont chaque circonscription postale aura profité dans l'excédant de tout le territoire fédéral.

D'après le rapport ainsi fixé, on tiendra compte, pendant les huit prochaines années, à chaque État particulier, des sommes composant l'excédant fédéral pour leurs autres contributions fédérales. Après l'expiration des huit années, toute distinction cessera, et les excédants de poste seront versés tout entiers à la caisse fédérale. Sur la part de l'excédant que produiront pendant ces huit années les postes des villes hanséatiques, la moitié sera mise à la disposition de la présidence fédérale, dans le but de couvrir d'abord, par ce moyen, les dépenses de l'établissement d'institutions postales normales dans les villes hanséatiques.

CHAPITRE VIII

Organisation militaire de la Confédération de l'Allemagne du Nord. — Le commandement en est donné à la Prusse. — Obéissance passive.—Marine; consulats; pénalités fédérales.

L'organisation militaire fédérale met naturellement entre les mains de la Prusse toutes les forces de la confédération. Tous les citoyens nés sur le territoire fédéral sont astreints au service militaire, sans possibilité de remplacement, à moins d'incapacité physique. Ils appartiennent pendant sept ans, dès vingt ans accomplis à vingt-huit ans, à l'armée permanente. Ils passent les trois premières années sous les drapeaux, les quatre dernières dans la réserve, puis ils entrent dans la landwehr.

La force de présence de paix de l'armée fédérale sera réglée, jusqu'au 31 décembre 1871, à 1 p. 100 de la population de 1867, et fournie au prorata par les divers États fédéraux.

Pour les temps postérieurs, l'effectif de paix sera fixé par voie de législation fédérale.

Un article spécial impose à tous les États la législation militaire prussienne, aussi bien les lois elles-mêmes que les règlements, instructions et rescrits rendus en vue de leur exécution ou pour les compléter, notamment dans le Code pénal militaire du 3 avril 1845, l'ordonnance du 20 juillet 1843 sur les tribunaux d'honneur, les dispositions sur le recrutement, la durée du service, les règles relatives au service, à l'entretien, au logement des troupes, aux indemnités pour dommages aux champs, la mobilisation, etc., pour la paix et la guerre. Néanmoins, le règlement militaire ecclésiastique est exclu.

Après la réalisation unitaire de l'organisation militaire fédérale, la présidence fédérale s'engage à mettre à l'assentiment constitutionnel du Reichstag et du conseil fédéral une loi militaire complète.

Les frais et charges de toute l'organisation militaire de la confédération doivent être supportés également par tous les États fédéraux et ceux qui leur appartiennent, de telle manière qu'en principe aucune classe ne puisse subir un allégement ou une aggravation des charges. Là où l'égale répartition des charges ne peut être établie en nature sans nuire à la prospérité publique, la compensation doit être établie par la législation d'après les principes de l'équité.

Pour faire face aux dépenses pour toute l'armée fédérale et les institutions y appartenant, on devra mettre annuellement à la disposition du chef de guerre fédéral, jusqu'au 31 décembre 1871, autant de fois 225 thalers que comporte l'effectif de paix. Le payement de ces sommes commencera avec le 1er du mois qui suivra la publication de la constitution fédérale.

Après le 31 décembre 1871, ces contributions continueront à être versées par chaque État à la caisse fédérale. Pour les calculer, on s'en tiendra à l'effectif de paix fixé provisoirement par l'art. 60 jusqu'à ce qu'il ait été changé par une loi fédérale. La loi du budget établira l'affectation de cette somme à l'ensemble de l'armée fédérale et à son organisation.

La fixation du budget militaire est basée sur l'organisation de l'armée fédérale établie légalement en vertu de la présente organisation.

Notons cette disposition, la plus importante de toutes :

Toute la force de terre de la confédération formera une armée unitaire qui, pendant la guerre et la paix, sera placée sous le commandement de S. M. le roi de Prusse, comme chef de guerre fédéral.

Les régiments, etc., auront des numéros suivis dans toute l'armée fédérale.

Pour l'habillement, on prendra pour base les couleurs et la coupe de l'armée prussienne. Les chefs des contingents auront le droit de déterminer les insignes extérieurs (cocardes, etc.).

Le chef de guerre fédéral a le devoir et le droit de faire en sorte qu'au dedans de l'armée fédérale toutes les troupes soient complètes et en état de combattre, et que l'unité soit établie et maintenue dans l'organisation et la formation, dans l'armement et le commandement, dans l'instruction des hommes, de même que dans les grades des officiers.

A cet effet, le chef de guerre fédéral est autorisé à se rendre compte, en tout temps, par des inspections, de la situation des divers contingents, et à ordonner qu'il soit remédié aux défauts qu'il aura trouvés.

Le chef de guerre fédéral détermine l'état de présence, la division et l'organisation des contingents de l'armée fédérale, ainsi que l'organisation de la landwehr, et il a le droit de déterminer les garnisons au dedans du territoire fédéral, ainsi que d'ordonner à chaque partie de l'armée fédérale de se mettre sur le pied de guerre.

Afin de maintenir l'unité indispensable dans l'administration, l'entretien, l'armement et l'équipement de toutes les troupes de l'armée fédérale, les ordonnances rendues à ce sujet dans l'avenir pour l'armée prussienne seront communiquées aux chefs des autres contingents fédéraux par le comité de l'armée de terre et des forteresses, afin qu'ils s'y conforment.

La soumission passive est recommandée par l'article 64 de la Constitution ainsi conçu :

« Toutes les troupes fédérales sont tenues de rendre obéissance absolue aux ordres du chef de guerre fédéral. Cette obligation sera mentionnée dans le serment du drapeau. Le commandant supérieur d'un contingent, de même que tous les officiers qui commandent des troupes de plus d'un contingent, et tous les commandants de forteresses, seront nommés par le chef de guerre fédéral. Les officiers nommés par ce dernier lui prêteront le serment du drapeau. Pour les généraux et officiers remplissant les fonctions de généraux dans le contingent fédéral, la nomination dépendra chaque fois de l'assentiment du chef de guerre fédéral. Le chef de guerre fédéral a le droit de choisir, pour les places du service fédéral, à sa nomination, dans l'armée prussienne ou les autres contingents, les officiers dans tous les contingents de l'armée fédérale, par mutation avec ou sans avancement. »

Le droit d'établir des forteresses en dedans du territoire fédéral appartient au chef de guerre fédéral, qui demande, à cet effet, les voies et moyens en tant que le budget ordinaire est insuffisant.

Cependant, lorsque des conventions particulières n'en disposent pas autrement, les princes ou les Sénats fédéraux nommeront les officiers de leurs contingents sous la restriction posée dans l'art. 64. Ils sont chefs des troupes appartenant à leurs territoires et jouissent des honneurs y attachés. Ils ont notamment le droit d'inspection en tout temps; et, en outre des rapports ordinaires sur les changements opérés, en vue de la promulgation, ils recevront communication des avancements et nominations concernant leurs troupes. Ils ont aussi le droit non-seulement d'employer dans des buts de police leurs propres troupes, mais aussi de requérir d'autres troupes de l'armée fédérale en garnison dans leur pays.

Des économies sur le budget ne profitent en aucun cas aux gouvernements particuliers, mais seulement à la caisse fédérale.

Le chef de guerre fédéral peut, quand la sûreté publique est menacée dans une partie quelconque du territoire fédéral, proclamer l'état de siége dans cette partie. Jusqu'à ce qu'il soit rendu une loi fédérale réglant les conditions, les formes et les effets d'une proclamation pareille, on se réglera à ce sujet sur les prescriptions de la loi prussienne.

Les auteurs de la Constitution avaient songé à la marine, qui était encore à l'état embryonnaire et qu'il importait de développer. Bien entendu que la marine de guerre fédérale avait été placée sous le commandement en chef de la Prusse. L'organisation et la composition de cette marine appartiennent à S. M. le roi de Prusse, qui en nomme les officiers et employés, et auquel ceux-ci doivent prêter serment, ainsi que les troupes et équipages.

Le port de Kiel et celui de la Jahde sont ports de guerre fédéraux.

La dépense nécessaire pour la fondation et l'entretien de la flotte de guerre et des institutions qui s'y rattachent est faite sur les fonds de la caisse fédérale.

Toute la population maritime de la confédération, y compris le personnel des machines et des ouvriers maritimes, est exemptée du service dans l'armée et obligée au service de la marine.

La répartition du contingent a lieu d'après la population maritime existante, et la quote-part fixée à cet effet à chaque État entrera en déduction des hommes à fournir pour l'armée de terre.

Les navires marchands de tous les États fédéraux forment une marine marchande militaire.

C'est à la confédération à déterminer les procédés destinés à fixer la capacité de chargement des navires, à régler la délivrance des lettres de jaugeage et des certificats de navigation, et à établir les conditions dont dépend la permission de navigation.

Les navires marchands de tous les États fédéraux seront admis et traités également dans les ports et dans toutes les voies navigables naturelles et artificielles des États fédéraux.

Les impôts qui sont perçus dans les ports et sur les navires où leurs chargements pour l'usage des établissements de navigation ne peuvent dépasser les frais de l'entretien et la création ordinaire de ces établissements sur toutes les voies navigables naturelles; les impôts ne peuvent être perçus que pour les établissements particuliers destinés à faciliter les relations. Ces impôts, de même que ceux perçus sur les voies navigables artificielles, ne peuvent dépasser les dépenses nécessaires pour la création ordinaire et l'entretien de ces établissements.

Ces dispositions sont applicables au flottage, en tant que celui-ci a lieu sur des voies navigables.

La confédération seule peut imposer aux navires étrangers ou à leurs chargements des droits différents ou plus élevés que ceux que doivent les navires ou chargements des États fédéraux.

Le pavillon de la marine de guerre et de commerce est noir, blanc, rouge.

Tout ce qui concerne les consulats de l'Allemagne du Nord est placé sous la surveillance de la présidence fédérale, qui nomme les consuls après avoir entendu le comité du conseil fédéral pour le commerce et l'industrie. Il ne pourra être institué de nouveaux consulats des pays particuliers dans le ressort des consuls fédéraux.

Les consuls fédéraux exerceront les fonctions de consuls des pays particuliers non représentés dans leur ressort. Tous les consulats existants des États particuliers seront supprimés aussitôt que l'organisation des consulats fédéraux sera achevée, de telle manière que le conseil fédéral aura reconnu que la défense des intérêts particuliers et de tous les États fédéraux est assurée par les consuls fédéraux.

Les recettes et dépenses de la confédération sont l'objet d'un titre spécial; elles doivent être évaluées d'avance tous les ans et portées au budget fédéral. Ce dernier est fixé par une loi avant le commencement de l'exercice, d'après les principes suivants:

Pour faire face aux dépenses communes, on se servira d'abord des excédants des années précédentes, s'il y a lieu, ainsi que des recettes communes provenant des douanes, des impôts de consommation communs et des postes et télégraphes. Si ces recettes ne suffisent pas pour couvrir ces dépenses, les divers États fédéraux devront fournir, tant que des impôts fédéraux ne seront pas établis, des contributions, dans la proportion de leurs populations; ces contributions seront établies par voie de législation fédérale, et la perception en sera ordonnée par la présidence jusqu'à la concurrence du montant fixé par le budget.

Les dépenses nouvelles sont consenties en règle pour une année, mais pourront l'être, dans des cas particuliers, pour plusieurs années.

Au cas de besoins extraordinaires, il pourra être contracté, par voie de législation fédérale, un emprunt ou une garantie à la charge de la confédération.

La présidence rendra compte annuellement pour décharge, au Reichstag et au conseil fédéral, de l'emploi de toute les recettes.

Un autre titre spécial établit la procédure qui sera suivie en cas d'entreprise contre l'existence, l'intégrité, la sûreté ou la constitution de la confédération du Nord; contre les offenses qui porteraient atteinte au conseil fédéral, au Reichstag, à un membre du conseil fédéral ou du Reichstag, à une autorité ou un fonctionnaire public de la confédération, tant qu'ils sont dans l'exercice de leurs fonctions, ou relativement à leurs fonctions, par parole, écrit, impressions, signes, représentation par image ou autre.

Ces délits seront jugés dans les divers États fédéraux, et punis suivant les lois existantes ou qui seront rendues dans ces États et punissant les actions dirigées contre cet État particulier, sa constitution, ses Chambres, les membres de ces Chambres, ses autorités et fonctionnaires.

Quant aux entreprises contre la confédération du Nord, qui seraient qualifiées de haute trahison si elles étaient dirigées contre un État particulier, le tribunal compétent sera le tribunal supérieur commun d'appel des trois villes libres hanséatiques, à Lubeck, en première et dernière instance.

Les dispositions plus précises sur la compétence et la procédure du tribunal supérieur fédéral seront déterminées par voie de législation.

Jusqu'à ce que cette loi soit rendue, on s'en tiendra à la compétence actuelle des tribunaux dans les divers État fédéraux et aux dispositions qui règlent la procédure de ces tribunaux.

Les contestations entre les États fédéraux, en tant qu'elles ne concernent pas le droit privé, et ne sont pas par conséquent de la compétence des tribunaux ordinaires, seront jugées par le conseil fédéral, sur la demande d'une des parties.

Les contestations sur la constitution dans les États fédéraux où il n'existe pas d'autorité compétente pour décider ces contestations, doivent être arrangées à l'amiable par le conseil fédéral, sur la demande d'une des parties, et si on n'y réussit pas, être résolues par la voie de la législature fédérale.

Si dans un État fédéral se présente le cas d'un déni de justice et qu'une aide suffisante ne puisse être obtenue par voie légale, le conseil fédéral est tenu de recevoir des plaintes relatives à des dénis de justice à juger d'après les lois qui existent dans l'État fédéral intéressé, et de faire en sorte que le gouvernement fédéral qui a donné lieu à la plainte procure l'aide judiciaire.

CHAPITRE IX

Protestations contre la constitution fédérale. — Discussion et vote de la Chambre des Députés saxons, dans la séance du 3 mai 1867. — Vote de la Diète du Schwartzbourg-Sondershausen.

Telle est cette constitution fédérale, à laquelle des changements pourront être apportés, par voie législative, s'ils sont approuvés au sein du conseil fédéral, par une majorité des deux tiers. Elle fut votée et ratifiée ultérieurement par les Chambres des pays intéressés, mais non sans de vives protestations, parmi lesquelles il est bon de tenir compte de celles des députés saxons, qui sont péremptoires et significatives. Le vice-président, M. Œmichen, ouvrit la séance du 3 mai en déclarant qu'ayant voté à Berlin contre cette constitution, il voterait néanmoins pour celle de Dresde, et il donna des raisons valables de cette apparente palinodie. « Si, dit-il, après ses victoires de 1866, la Prusse avait rétabli la constitution votée par le Parlement de Francfort en 1849, toute l'Allemagne aurait marché avec elle. Après la bataille de Kœnigsgraetz, — c'est celle que nous nommons en France Sadowa, — il a encore été heureux pour la Saxe d'avoir conservé son administration particulière, quoique l'ingratitude de l'Autriche nous ait empêchés de garder aussi notre indépendance. »

« La confédération fédérale, ajouta le vice-président Œmichen, nous a ravi un grand nombre de droits importants. Nous aurions pu nous résigner à cette perte, si ces droits avaient passé au Reichstag; mais tel n'a pas été le fait, et j'ai dû voter contre la constitution par devoir de conscience envers la constitution saxonne. Aujourd'hui, je voterai pour la constitution du Nord, malgré tous ses défauts, par des raisons d'utilité; car le rejet pourrait avoir de plus graves inconvénients encore avec les moyens dont dispose le pouvoir central. Espérons, pour l'avenir, que cette œuvre ne sera pas durable; car si cette compression devait durer, cela mènerait, je ne crains pas de le dire, à la révolution. La constitution de la confédération du Nord forme la base de la révolution. »

Un député influent, M. de Reinhard, déclara que c'était de force et avec répugnance qu'il voterait pour la constitution, qui créait, non pas un État fédéral, mais une dictature militaire, et manquait à ses yeux des garanties nécessaires pour appeler sous les ailes de la confédération l'Allemagne méridionale.

M. Bering avoua que, s'il avait voté à Berlin pour la constitution, c'était afin d'éviter qu'elle fût imposée par la force.

« Je ne m'étendrai pas, dit M. Riedel, sur les détails de la constitution, car j'en ai assez des discussions de Berlin. J'ai salué avec joie et espérance le suffrage

Les bords du Rhin.

universel et direct, car je pensais que celui qui les donnerait d'une main ne détruirait pas de l'autre les libertés du peuple. La constitution du Nord se base sur la dictature militaire, elle est une émanation de l'absolutisme. Voilà pourquoi je voterai contre. »

Se prononçant comme M. Bering, M. Mamman dit que la constitution était une œuvre de force qui serait imposée aux Saxons par la force, même quand ils la rejetteraient, et qu'il voterait contre, parce qu'il ne voulait pas qu'elle entrât en vigueur avec la sanction du peuple.

« Je reconnais, dit M. Gunther, les vices de la constitution, mais on n'était pas libre; on se trouvait sur le terrain de faits accomplis. Voilà pourquoi les députés de la Saxe au Reichstag ont dû pactiser, tantôt avec la gauche, tantôt avec les libéraux nationaux, tantôt avec la droite. » L'orateur conclut en disant qu'il voterait pour la constitution, parce qu'il ne croyait pas que le peuple allemand fût satisfait du rejet.

D'autres orateurs parlèrent dans le même sens. M. Seiler dit qu'il n'accorderait qu'avec douleur son suffrage, et qu'il aimerait mieux le refuser. M. Schreck critiqua en détail les dispositions du projet, et tout en

admettant que la Prusse devait être placée en tête de la confédération, il s'écria : « Les discours du Reichstag de Berlin ont été le chant du cygne du régime constitutionnel. Le parti libéral a salué avec joie la dissolution de l'ancienne Confédération germanique; mais, aujourd'hui, il est désillusionné sur les points essentiels. »

Le vice-président demanda si la Chambre adoptait, sans changement, la constitution de la confédération du Nord, telle qu'elle lui avait été présentée par le décret royal du 23 avril, et si elle autorisait le gouvernement à exécuter les dispositions contenues dans cette constitution.

Sur 73 votants, 67 déposèrent des bulletins portant *oui*, 6 des bulletins portant *non*. La constitution se trouvait adoptée à la majorité de plus des trois quarts des membres de l'assemblée, et des deux tiers des membres présents, majorité nécessaire pour les modifications à la constitution saxonne.

La Diète du petit État de Schwartzbourg-Sondershausen, dont l'opinion fut partagée par plusieurs autres principautés, donna son adhésion à un acte qui pouvait assurer la force et l'unité de l'Allemagne, mais qui avait de notables défectuosités, et diminuait les droits bien acquis auxquels avait droit de prétendre tout peuple vivant sous le régime constitutionnel.

CHAPITRE X

Clôture du Reichstag. — Dernière séance. — Discours du roi de Prusse. — Détails sur la cérémonie de clôture.

Après avoir analysé la constitution fédérale de l'Allemagne du Nord, nous avons cru devoir anticiper sur l'ordre chronologique, pour faire ressortir les observations critiques dont elle fut l'objet.

Aucune opposition ne se produisit d'ailleurs au moment de la clôture du Reichstag, et le roi de Prusse y fut chaleureusement acclamé. Le 17 avril, vers midi, les membres de la haute assemblée, les généraux, les conseillers privés, les grands dignitaires prussiens, se réunirent dans la salle blanche du château. La gauche de l'assemblée était représentée par MM. Ansfeld, Becker et Schraps. A midi et quart, les commissaires fédéraux entrèrent dans la salle et prirent place sur les chaises placées à la gauche du trône, M. de Bismark sur la chaise la plus rapprochée. Il alla ensuite au-devant du roi pour lui dire que tout était prêt et revint presque aussitôt le discours du trône à la main. Immédiatement après, le roi, suivi des princes de la famille royale, entra dans la salle. Pendant que le roi s'avançait vers le trône, le président du Reichstag cria d'une voix émue : « Vive Sa Majesté le roi de Prusse, le protecteur de la confédération du Nord ! » L'assemblée répéta ce cri avec enthousiasme. Le roi monta sur le trône, à la droite duquel s'étaient placés les princes de la famille royale, s'inclina vers l'assemblée, mit son casque sur la tête et prit des mains du comte Bismark le discours du trône, dont il donna lecture d'une voix claire et ferme :

« Illustres, nobles et honorés messieurs du Reichstag et de la confédération du nord de l'Allemagne,

« C'est avec un sentiment de sincère satisfaction que je vous vois réunis autour de moi à la fin de votre importante mission.

« Les espérances que j'ai exprimées ici autrefois, au nom des gouvernements confédérés, se sont réalisées depuis. Vous avez saisi avec un généreux patriotisme la grandeur de votre tâche et n'avez pas perdu de vue, en faisant abnégation de vous-mêmes, le but commun.

« Voilà pourquoi nous sommes parvenus à élever sur une base sûre une Constitution dont nous pouvons laisser le développement avec confiance à l'avenir. Le pouvoir fédéral est pourvu d'attributions qui sont indispensables , mais suffisantes en même temps

pour la prospérité et la puissance de la confédération.

« Les États particuliers, avec la garantie de leur avenir par toute la confédération, ont conservé la liberté de leurs mouvements dans toute l'étendue où la diversité et l'autonomie du développement est admissible et profitable.

« La représentation populaire a pour garantie sa propre coopération à l'accomplissement de la tâche nationale. Cette coopération répond à l'esprit des constitutions particulières existantes, comme au besoin des gouvernements de sentir leur action appuyée par l'entente avec le peuple allemand.

« Nous tous qui avons pris part à l'élaboration de l'œuvre nationale, gouvernements confédérés et représentation nationale, nous avons fait volontairement le sacrifice de nos vues et de nos désirs, et nous avons pu le faire avec la conviction que ces sacrifices étaient faits pour la patrie allemande, et que notre union était digne d'elle.

« Le temps est venu où notre patrie allemande, par l'ensemble de ses forces, est en état de défendre la paix, son droit et sa dignité. Le sentiment national, qui a eu une expression élevée dans le Reichstag, a trouvé un puissant retentissement dans toutes les contrées de la patrie allemande.

« Mais toute l'Allemagne, ses gouvernements autant que son peuple, ne sont pas moins d'accord sur ce point, que la puissance nationale qui vient d'être reconquise doit s'affirmer en sauvegardant les bienfaits de la paix.

« Honorés messieurs, la grande œuvre à laquelle la Providence a daigné nous faire coopérer approche de son terme. Les représentations populaires des différents États ne refuseront pas leur sanction constitutionnelle à l'œuvre que vous avez créée en commun avec les gouvernements. Le même esprit qui a fait réussir ici notre tâche guidera ailleurs aussi les délibérations.

« Par ce rapprochement réciproque, par la mise à l'écart des divergences existantes, nous avons obtenu la garantie d'un fécond développement ultérieur de la confédération. Les espérances qui nous sont communes avec nos frères de l'Allemagne du Sud se sont ainsi rapprochées davantage de leur accomplissement.

« Le premier Reichstag de la confédération de l'Allemagne du Nord peut donc se séparer avec la conviction fortifiante que la reconnaissance de la patrie le suivra et que l'œuvre élevée par lui prospérera, avec l'aide de Dieu, pour nous et pour les générations futures.

« Que Dieu veuille nous bénir, nous tous et notre chère patrie ! »

L'assemblée écouta cette lecture avec une vive attention. Lorsque le roi parla des espérances « qui nous sont communes avec nos frères du Sud, » l'assemblée donna des signes marqués d'approbation ; cette approbation s'exprima en bravos répétés lorsque le roi proclama en élevant la voix que l'Allemagne était désormais capable de défendre son droit et sa dignité, et ces bravos se renouvelèrent lorsque le roi ajouta que la puissance nationale recouvrée devait s'affirmer avant tout en sauvegardant les bienfaits de la paix.

Lorsque la lecture du discours du trône fut achevée, le comte de Bismark s'avança d'un pas et dit à haute voix :

« Au nom des gouvernements confédérés, je déclare, par ordre de S. M. le roi de Prusse, que le Reichstag de la confédération du Nord est clos. »

Le comte de Bismark s'inclina devant le roi. Celui-ci ôta son casque, s'inclina trois fois devant l'assemblée et quitta la salle, tandis que le baron de Friesen, commissaire fédéral saxon, portait au roi un triple vivat que l'assemblée répéta avec enthousiasme.

Toute la cérémonie ne dura pas dix minutes.

Les tribunes étaient remplies d'une foule compacte.

Dans la loge royale étaient la princesse royale et les princesses Charles et Frédéric-Charles.

CHAPITRE XI

Mémoire militaire publié en 1860 par le prince Frédéric de Prusse. — Adresse des députés bavarois. — Affaires de Brunswick et de Hesse-Darmstadt.

L'Europe inquiète pesa les paroles du roi de Prusse sans y trouver le moindre éclaircissement sur la situation. On aurait pu, à la rigueur, y voir l'intention de « sauvegarder les bienfaits de la paix, » s'il y avait eu un mot de blâme pour les exagérations de ce pangermanisme qui sonnait le tocsin contre la France. On rééditait à Berlin le *Mémoire militaire* que le prince Frédéric-Charles de Prusse avait publié au mois d'août 1860, et dans lequel il examine les moyens de vaincre les Français. Le prince y résume ainsi les principes en vertu desquels les Français se dirigent lorsqu'ils font la guerre :

I. — Ils mettent absolument de côté, en temps de guerre, les règlements, instructions de caserne et souvent même de la place d'armes.

II. — Chez eux la force morale est supérieure à la force physique.

III. — Ils se tiennent en colonnes serrées contre des ennemis peu exercés à la manœuvre, et réciproquement ils combattent débandés lorsqu'ils ont affaire à des colonnes serrées et bien exercées.

IV. — Un de leurs principes essentiels, c'est celui de ne jamais se défendre d'une manière passive, mais d'agir constamment dans l'offensive, même dans le cas où il ne s'agit que de se défendre.

V. — Il faut tirailler le moins possible, *le tiraillement est un pis aller*.

VI. — Les Français attaquent toujours au pas de course auquel on les exerce pendant la paix, de manière à ce qu'ils arrivent à n'être point hors d'haleine lorsqu'ils atteignent l'ennemi.

L'auteur conclut que les troupes françaises tiennent le milieu entre les armées organisées selon la tactique rigoureuse et les bandes indisciplinées; que leur manière de combattre varie suivant les ennemis, les lieux et les temps, et qu'enfin il faut, pour les combattre, leur opposer les moyens suivants :

1° Employer les tiraillements par colonne d'une compagnie;

2° Augmenter ainsi la mobilité de l'infanterie prussienne et lui ouvrir un champ libre ;

3° Disposer l'armée en profondeur plutôt qu'en largeur, ce qui augmente la force de résistance des flancs et empêche la consomption rapide des forces;

4° Disposer l'armée plutôt en échelons qu'en échiquier, ce qui est le meilleur moyen d'appuyer et de soutenir l'attaque impétueuse des tirailleurs lancés au pas de course et à la baïonnette.

La pensée que les Français menaçaient l'Allemagne, qu'ils y touchaient en touchant au Luxembourg, se retrouvait dans la plupart des journaux. Les *Annales prussiennes* soutenaient qu'il s'agissait de l'honneur et de la puissance de l'Allemagne, de la cession d'un territoire et d'une population germaniques ; et se prononçaient hautement pour le maintien de l'occupation du Luxembourg. « La confiance dans l'hégémonie prussienne serait, disaient-elles, profondément ébranlée; le sentiment national, base de la fédération nouvelle, gravement atteint, si un conflit soulevé tout à fait de gaieté de cœur par la France avait pour dénoûment la retraite de la garnison prussienne de Luxembourg. Quel triomphe que cette retraite pour les adversaires de l'Allemagne nouvelle, pour les princes détrônés et leurs partisans, pour les ultramontains et le parti de la grande Allemagne ! »

Des manifestations antifrançaises éclataient dans toute l'Allemagne. Cent quinze députés bavarois signaient l'adresse suivante, et la remettaient au prince de Hohenlohe :

« Monseigneur,

« Après la sanglante guerre civile qui a laissé intacte l'intégrité du territoire allemand, après la conclusion des traités d'alliance entre la Prusse et les États du Sud qui paraissaient ajouter à la garantie de cette intégrité, l'Allemagne, par suite des négociations du roi de Hollande avec la France, est menacée de la perte d'un ancien pays allemand. Il s'agit de plus que de la perte de quelques lieues carrées du sol et de quelques milliers d'âmes que contient le duché de Luxembourg, il s'agit de l'honneur de l'Allemagne, qui aurait à souffrir si le sort d'une population allemande était décidé par un contrat de vente au profit de l'étranger. Le peuple allemand a le droit de demander à ses gouvernements que des Allemands soient protégés quand un danger les menace.

« Bien que la Prusse soit, en première ligne, appelée à sauvegarder ses droits sur le Luxembourg, la Bavière a aussi des devoirs à remplir vis-à-vis de l'Allemagne, et nous verrons avec joie, comme premier résultat des traités d'alliance du 22 août 1866, que la Bavière ne laisse subsister aucun doute sur son intention de prendre hautement fait et cause pour l'Allemagne menacée.

« Les soussignés ont cru devoir vous exprimer respectueusement cette opinion, d'autant plus qu'ils peuvent y ajouter l'assurance qu'ils soutiendront au sein de la chambre bavaroise toute proposition tendant à donner appui à une politique nationale allemande. »

Le ministre répondait :

« Je reçois avec joie cette adresse, comme une preuve que, lorsqu'il s'agit de l'honneur de l'Allemagne, il n'existe qu'un seul parti dans la chambre comme dans le pays. Elle témoigne que, pour sauvegarder cet [honneur, la chambre et le pays sont prêts à tous les sacrifices.

« Je salue cette adresse comme la juste interprétation du traité par lequel la Bavière s'est unie au reste de l'Allemagne, afin de maintenir l'intégrité nationale. Autant je tiens à ne pas laisser de doute sur ce point, que le gouvernement n'entend pas se soustraire aux devoirs que lui imposent ce traité, autant je crois que ma tâche la plus directe est de ne rien négliger de ce qui peut contribuer à maintenir et assurer une paix honorable.

« Vous seconderez par votre influence, messieurs, le gouvernement dans cette voie. J'espère, en attendant, que la sage modération des puissances directement intéressées réussira à maintenir la paix. »

A Brunswick, M. Aronheim présentait à la Diète une motion ainsi conçue :

« Plaise à la diète de déclarer la conservation du Luxembourg pour l'Allemagne, — celle-ci n'étant pas considérée dans sa forme actuelle, mais dans son sens national, — constitue pour la nation une question d'honneur et d'existence dans tous les temps, mais notamment au moment de sa reconstitution politique. La diète se déclare prête à mettre en tout temps à la disposition du gouvernement ducal tous les moyens possibles pour atteindre ce but avec ses hauts confédérés.

« Pour motiver cette proposition, M. Aronheim expose qu'il ne suffisait pas que le Reichstag de la confédération du Nord eût exprimé son avis à ce sujet, qu'il fallait aussi que les États particuliers de la confédération fissent connaître leur assentiment. Il est indifférent, dit-il, que le Luxembourg désire ou non rester avec l'Allemagne, il faut qu'il en fasse partie, même malgré lui.

« C'est une nécessité naturelle de ne pas expulser de la famille même les enfants désobéissants et rebelles; il faut donc que l'assemblée déclare qu'il est incompatible avec l'honneur et la grandeur de l'Allemagne que la grande patrie perde le moindre pouce de son territoire. »

La proposition de M. Aronheim vint à l'ordre du jour le 16 avril, et fut adoptée à l'unanimité.

Le gouvernement du grand-duché de Hesse avait signé avec la Prusse, dès le 11 avril, un traité ainsi conçu :

« Art. 1er. Sans préjudice du lien fédéral qui existe déjà entre S. M. le roi de Prusse et S. A. R. le grand-duc de Hesse, par rapport à la partie du grand-duché de Hesse qui appartient à la confédération du Nord, il est conclu par ces présentes entre S. M. le roi de Prusse et S. A. R. le grand-duc de Hesse un traité d'alliance offensive et défensive. Les deux hauts contractants se garantissent réciproquement l'intégrité du territoire de leurs pays et s'engagent à mettre au cas d'une guerre toutes les forces militaires à leur disposition réciproque.

« Art. 2. En ce qui concerne le commandement supérieur de S. M. le roi de Prusse sur les troupes hessoises, il s'en tiendra aux dispositions du projet de constitution de la confédération du Nord et de la convention militaire conclue le 7 de ce mois.

« Art. 3. La ratification du présent traité aura lieu en même temps que la ratification de la convention militaire mentionnée dans l'art. 2.

« Signé : Hofmann, Savigny. »

Dès les premiers bruits de guerre, fut ajoutée à ce traité une convention militaire en vertu de laquelle les troupes hessoises doivent entrer pour la paix et la guerre dans l'armée prussienne et y former une division spéciale, placée sous le commandement supérieur du roi de Prusse. Cette division devra être organisée d'ici au 1er octobre 1867, conformément aux règlements prussiens.

Le système de recrutement prussien et l'obligation générale du service militaire sera appliqué à la Hesse, mais transitoirement le remplacement continuera à être admis pendant cinq ans. La répartition des garnisons appartient au roi de Prusse, mais, en temps de paix, il n'usera de ce droit qu'en vue de buts fédéraux. Les troupes prussiennes pourront se servir des environs de Mayence pour leurs exercices, de même que la division hessoise. Le commandant en chef de la division hessoise sera nommé par le grand-duc de Hesse après qu'il se sera entendu à ce sujet avec le roi de Prusse.

Ce n'était pas assez. M. Goldman et douze autres députés de la Hesse rédigèrent une motion ayant pour but d'inviter le gouvernement grand-ducal à entrer de suite en négociation avec le gouvernement prussien pour l'extension de la confédération du Nord à tous les États de l'Allemagne du Sud, et, en tout cas, pour l'entrée de tout le grand-duché de Hesse dans cette confédération.

Parmi les motifs de cette proposition, quelques-uns étaient tirés des intérêts particuliers du grand-duché. Le dernier motif se basait sur l'intérêt national et en particulier la situation menacée de la patrie allemande, qui exigeait impérieusement l'entrée des États du Sud dans la confédération du Nord, pour sauvegarder la paix par un accord unanime et pour repousser à forces unies les attaques contre l'honneur et le droit des Allemands.

CHAPITRE XII

Opinion de la presse des deux côtés du Rhin. — Article de l'*Opinion nationale*.—Opinion du *Constitutionnel.*—Réflexions de la *Gazette de l'Allemagne du Nord* et de la *Gazette nationale* de Berlin. — La *Gazette de Spener*.

A la fin d'avril, les journaux étaient presque tous à la guerre. Le mardi 23, dans un remarquable article le rédacteur en chef de l'*Opinion nationale*, M. Adolphe Guéroult, se demandait si la conservation de la forteresse en litige était le dernier mot de l'ambition prussienne? Cette puissance qui, au moment même où elle déclarait, à Prague, s'arrêter à la ligne du Mein, avait déjà en poche les traités qui lui donnaient l'Allemagne du Sud, allait-elle s'arrêter à Luxembourg? N'avait-elle pas déjà jeté un regard de convoitise sur la Hollande? La Hollande, avec ses ports, ses flottes, ses magnifiques colonies, était un morceau bien tentant pour une ambition peu scrupuleuse, qui ne croyait qu'à la force, qui se frayait sa route par le fer et le feu, et professait le plus superbe mépris pour le sentiment des populations sur lesquelles elle mettait la main, et se regardait comme appelée, en vertu d'un droit primordial à régner partout où la bière et la choucroute entraient dans l'alimentation populaire. Que n'avait-on pas à craindre d'un gouvernement qui invoquait le droit pour justifier ses conquêtes, et le reniait pour se dispenser des restitutions; qui faisait valoir le principe des nationalités contre la Hollande, parce qu'on y parle un dialecte issu de l'allemand, et qui répudiait le même principe dans le Sleswig où l'on parle danois, et à Posen où l'on parle polonais?

M. Guéroult montrait la Russie prête à profiter du complot pour s'emparer de Constantinople. La France vaincue, la force brutale triomphait, et courbait toutes les têtes sous le joug d'une soldatesque arrogante. La France, victorieuse, c'était le règne de la justice, de l'équilibre, c'était l'autonomie de chaque nation assurée; le développement pacifique de la civilisation, préparant pour toute l'Europe l'établissement d'une confédération démocratique.

M. Guéroult exprimait le regret que la Prusse eût mal compris son rôle, qu'elle s'exposât à voir périr l'unité artificielle imposée à l'Allemagne par la ruse et par la violence. « Mais, disait-il, laissons là nos regrets, qui n'empêchent rien; oublions pour un instant, puisqu'il le faut, ces travaux de la paix, si féconds pour la liberté, le bonheur et l'ennoblissement de l'espèce humaine, et puisqu'à propos d'un litige sans importance, il faut qu'une dernière lutte s'engage, élevons-nous à la hauteur de cette nécessité douloureuse, et que chacun de nous se prépare à faire son devoir. »

Des deux côtés du Rhin, le débat se passionnait. Un journal officieux, le *Constitutionnel*, fit une tentative pour apaiser les esprits. Dans un article du 24 avril, son rédacteur en chef, M. Paulin Limayrac, disait : « On cherche, à accréditer en Allemagne l'opinion que la France désire la guerre. Nous ne saurions protester avec trop d'énergie contre une semblable imputation. Tout prouve le contraire, et la politique de la France a été depuis le premier jour, et elle est encore une politique de paix et de conciliation. Le gouvernement français a cru sincèrement qu'après les immenses succès et les accroissements de territoire obtenus par la Prusse, celle-ci tiendrait à honneur de montrer de la modération et des égards pour les droits et les intérêts de ses voisins. Tout, dans l'attitude et le langage du cabinet de Berlin, le confirmait dans cette pensée, et il a toujours considéré le règlement de la question du Luxembourg comme une occasion qui s'offrait naturellement à la Prusse de faire, vis-à-vis de la France, acte de bon voisinage et de cordialité.

« Nous ne savons ce que l'on pense aujourd'hui à Berlin, ni par quel mobile on s'y laisse diriger; nous ignorons les motifs qui auraient amené un changement dans les sentiments qu'on y manifestait; mais ce que nous savons, c'est que le gouvernement français n'a jamais vu, dans un règlement de cette question conforme aux intérêts de la France et au vœu des populations, qu'un gage de paix, et d'une paix durable.

« Jamais, au surplus, le gouvernement français n'a pensé que l'intérêt de la Prusse pût être, dans aucun cas, de maintenir une garnison dans un pays indépendant, appartenant à un souverain étranger, et ne faisant pas partie de l'État fédératif du nord de l'Allemagne. Jamais il n'a pensé que l'Allemagne pourrait revendiquer même des droits de communauté d'origine avec un petit pays dont la population, de l'aveu du premier ministre lui-même du roi de Prusse, a la plus profonde répugnance pour l'Allemagne et voterait avec enthousiasme sa réunion à la France, si on daignait la consulter.

« Aujourd'hui le gouvernement de l'empereur ne

cherche pas à faire sortir la guerre d'une question où, nous ne nous lasserons pas de le répéter, il ne voyait qu'un gage de paix. La France n'est animée d'aucune ambition, elle a mis de côté toute prétention pour elle.

« La question du Luxembourg est devenue une question européenne, et même, dans cette nouvelle phase, la France se tient à l'écart pour ne pas gêner l'action pacifique des puissances, et pour ne pas engager les amours-propres.

« Est-il une conduite plus désintéressée, plus rassurante pour tous, plus dégagée d'arrière-pensée, et surtout d'arrière-pensée de guerre? La France, sans craindre la guerre, — si, ce qu'à Dieu ne plaise! elle s'y trouvait injustement provoquée, — veut la paix et tient à ce qu'aucun doute ne puisse planer sur ses intentions. »

Cet article, quoique considéré comme ayant été écrit sous l'inspiration du gouvernement français, produisit peu de sensation. « Il est sur un ton modéré, dit la *Gazette de l'Allemagne du Nord*, du 23 avril; il peut avoir sa raison d'être, en accentuant les intentions pacifiques du gouvernement français, mais ces sentiments ne suffiraient guère, à un jour donné, pour arrêter les passions excitées outre mesure. » En réponse à quelques allégations du *Constitutionnel*, la *Gazette nationale de Berlin*, s'écriait que les Allemands n'étaient pas tenus de démontrer à la France l'intérêt qu'ils pouvaient mettre à la possession de chaque pied de terre, de chaque parcelle de leur avoir; qu'il ne fallait pas nourrir l'ambition française; que la médiation proposée ne pourrait consister, tout au plus, qu'en ce que les signataires des traités de 1815 examineraient s'il était possible d'abandonner aujourd'hui la ligne frontière de précaution établie contre la France.

« Examen difficile! s'écriait la *Gazette nationale*: le droit de garnison à Mayence repose sur la même base, sur les mêmes traités que celui que la Prusse exerce à Luxembourg, — et, si l'on cède aujourd'hui aux Français, il leur sera facile de soulever demain une question à propos des murs d'Ulm ou de Rastadt, car ne peut-on s'attendre à tout de la part d'une nation qui se laisse dire que telle ou telle possession de la Prusse est un outrage insupportable pour la France?

« D'un autre côté, les puissances médiatrices doivent bien peser si c'est à elles qu'il appartient d'ouvrir une brèche dans nos frontières de l'Ouest; si elles ont un mandat pour conseiller à la Prusse et à toute la nation germanique de renoncer à des droits légitimement acquis, pour que la France ait sur nous l'avantage.

« Ce qui nous paraît manifeste autant qu'équitable, c'est que la voix de la Prusse, la voix de l'Allemagne doivent être décisives dans ces considérations. Si nous déclarons ne pouvoir diminuer nos moyens de défense, le devoir de toute puissance neutre est de soumettre ses vues aux nôtres, de nous appuyer, et de montrer à la France l'arbitraire de ses prétentions. »

Le même journal publiait le lendemain un article qu'il importe de reproduire, comme symptôme de l'opinion d'une partie des populations allemandes:

« Chaque jour les cris de guerre deviennent plus retentissants, plus sauvages, plus vantards dans les journaux de Paris. En tête, c'est Girardin — M. Émile de Girardin, s'il vous plaît! — qui bat la charge dans le langage emphatique qui lui est propre. Paris s'ennuie, et c'est pour cela que ces messieurs battent le tambour et font sonner la trompette, et qu'ils demandent qu'on attaque le « quadrilatère prussien. » Ils ne songent pas qu'on pourrait réveiller le lion de Waterloo. Ni le peuple allemand, ni aucun de ses princes n'a élevé la moindre prétention à la plus petite parcelle de terre française.

« La France a la première étendu la main vers le pays allemand de Luxembourg. C'est tranquillement et sans excitation passionnée que le parlement du Nord, les assemblées populaires et les journaux de ce côté-ci du Mein et de l'autre ont débattu jusqu'ici la question et ménagé la susceptibilité de nos excitables voisins; à Paris, au contraire, il s'élève un véritable cri de fureur contre nous et notre droit.

« Nos forteresses sont « un poignard » dont nous menaçons le cœur de la France. Il faut que nous soyons châtiés, parce que nous n'avons pas consulté cette fois la grande nation dans nos querelles et questions intérieures. « Déchirez le pays prussien! Hachez en morceaux le peuple prussien! » s'écrient ces têtes chaudes, ces farceurs.

« Ce langage, ces fanfaronnades sont indignes d'un grand peuple. A quoi sert-il de nous parler toujours d'Iéna? N'est-ce pas à Rosbach qu'il a suffi d'un coup de baguette à Frédéric le Grand pour disperser l'armée française aux quatre vents. Si les Français ont été une fois à Berlin, nous avons été deux fois à Paris. Ce sont là des souvenirs du temps passé dont on ne devrait pas évoquer la mémoire sur le papier. »

Le général Changarnier venait de publier une brochure remarquable sur l'armée française. La *Gazette nationale* disait de lui :

« Le général Changarnier peut prouver facilement que l'armée française doit vaincre partout; mais les faits montrent ce qu'a pu faire cette armée « invincible » et ce qu'elle n'a pas pu faire. La bravoure et le patriotisme, les élans généreux, admirables, le génie du peuple français, tout le monde les reconnaît volontiers; mais il y a une chose à laquelle il faut que ce peuple renonce, c'est de continuer à jouer la puissance dirigeante en Europe.

« On a attribué à Napoléon III le plan fantastique de réunir les Latins sous son aigle contre le monde germanique. Mais ce plan ne serait pas si aisé à réaliser qu'à former. En Amérique, la race latine a reçu un coup dont elle ne se relèvera pas de sitôt. Le moment n'est pas loin où la bannière des États-Unis flottera à Mexico, comme en Californie et au Texas.

« En Europe les vues de l'Italie et de la France ne sont pas les mêmes. De même que l'Italie s'est délivrée de la domination autrichienne, elle voudra s'affranchir du joug de la France. Les peuples sont aussi ingrats que les rois. Pourquoi les Italiens oublieraient-ils qu'ils ont été obligés de payer Magenta et Solférino par la Savoie et Nice, par la clef des Alpes? Comment oublieraient-ils et pardonneraient-ils que c'est la crainte seulement de la France qui les empêche de proclamer l'unité de l'Italie du haut du Capitole? L'Espagne ne compte plus depuis longtemps parmi les peuples européens.

« Les Latins sont en décadence vis-à-vis des Germains. Cette grande transformation du monde paraît avoir passé inaperçue aux yeux des patriotes français. Semblables aux enfants qui, après avoir entendu un conte, ne peuvent se détacher de ce monde enchanté, ils ne peuvent sortir des souvenirs de leur grandeur et de leur puissance passée. Ils parlent constamment de la gloire de Louis XIV et de Napoléon Iᵉʳ, et ne voient pas que la discorde de l'Allemagne a formé une des bases sur lesquelles s'est élevé l'édifice orgueilleux de la domination française.

« L'Empereur a battu plus d'une fois les Autrichiens au moyen de Wurtembergeois et de Bavarois; ce fut la brigade de cavalerie de Saxe qui prit la redoute de Borodino et décida cette bataille sanglante. Mais quand on sonne la cloche de la gloire, on ne peut attendre des Français ni vérité ni justice. Ils sont alors comme un cheval sauvage qui emporte le cavalier quand la trompette sonne. Au lieu d'éclairer le peuple sur ses véritables intérêts, la presse attise le feu. Toute l'ancienne forfanterie celte se montre de nouveau. Tous les autres peuples ne sont que l'escabeau sur lequel la grande nation met le pied.

« Il est temps que vis-à-vis de ces agitations le peuple allemand donne sa réponse. Nous ne désirons pas la guerre, mais nous ne la craignons pas davantage. Que les Français fassent de leur Metz un poignard contre l'Allemagne, nous ne les en empêchons pas. Les déclamations de Girardin ne sauraient nous émouvoir; c'est ce ton de la Gascogne que nous connaissons suffisamment par les mémoires et les romans français.

« Pour nous, il nous semble tout à fait indigne d'une presse populaire et éclairée de prêcher la guerre entre deux peuples qui sont destinés autant que le peuple allemand et le peuple français à vivre dans la concorde et dans de bonnes relations pacifiques.

« La guerre engendre le despotisme et l'appauvrissement; les Français le savent mieux que personne. Demander à la presse du second empire la reconnaissance de droits incontestables, de principes moraux, ce serait se faire illusion sciemment. Mais elle saura toujours distinguer l'utile du nuisible, ce qui profite de ce qui cause des préjudices.

« Jusqu'ici le bruit de guerre n'a fait que porter dommage au « prestige » de la France. Au lieu de l'arrêter, les menaces françaises avancent l'œuvre de l'unité allemande. Faut-il que toutes ces menaces continuent et quelles enflamment toutes les haines qui ont éclaté en 1813? Faut-il que l'œuvre de civilisation des cinquante dernières années soit noyée dans un affreux flot de sang?

« Ce n'est pas à nous, c'est aux Français à entrer dans les voies de la paix qu'ils auraient depuis longtemps rompues si les paroles étaient des épées. Il faut que le peuple allemand dise une fois pour toutes à nos voisins de l'autre côté des Vosges que nous vivrons volontiers et constamment en paix et bonne amitié avec eux, sous une seule condition : qu'ils respectent notre dignité et notre territoire, comme nous les leurs.

« Mais leurs écrivains devraient réfléchir à deux fois à chaque explosion passionnée avant de la mettre par écrit; ils ne font que jeter de l'huile sur le feu; pour leurs compatriotes, et à nous Allemands dè sang-froid, ils ont l'air, quand ils veulent emporter le quadrilatère, de Don Quichotte s'élançant contre les moulins à vent. Nous voudrions leur épargner le coup qui a rendu au noble chevalier le sentiment de lui-même et l'a expulsé violemment de son monde idéal. L'*imperium* des Français est passé. »

Sur quoi était échafaudée la philippique de la *Gazette nationale* de Berlin? Sur quelques mots échappés à M. Émile de Girardin, dans la *Liberté*; mais la *Gazette*, qui accusait en termes si grossiers les Parisiens de pousser à la guerre, oubliait qu'ils avaient été, pendant un mois, provoqués outre mesure. N'était-il pas naturel que les interprètes de l'opinion perdissent patience, en entendant contester à la France le droit de s'annexer le Luxembourg, tandis qu'on soutenait celui de la Prusse à tenir garnison dans la forteresse, malgré la volonté formelle du légitime propriétaire?

La *Gazette nationale* évoquait les souvenirs de 1814 et de 1815; mais elle oubliait de dire que, pour arriver jusqu'à Paris, les Prussiens n'étaient pas seuls.

Une feuille allemande, la *Gazette de Spener* déclarait que « dans le tumultueux déchaînement des esprits en France, dans la haine dont la Prusse y est l'objet, on ne pouvait reconnaître le fait d'une nation raisonnable et polie. » D'après cette gazette, « le peuple français était en train de descendre, comme maturité et comme intelligence pratique, bien au-dessous d'autres peuples auxquels il s'estimait supérieur; et elle le menaçait d'une guerre sans fin, s'il voulait rétablir ce qu'il appelait ses frontières naturelles.

CHAPITRE XIII

Adresse des ouvriers mécaniciens de Berlin. — Réponse de l'Association internationale des travailleurs, à Paris et à

Amiens. — Adresse des Sociétés coopératives. — Adresse des Allemands présents à Paris. — Adresses des commerçants parisiens.

Un courant pacifique parvint toutefois à se frayer un passage au milieu de tant d'excitations belliqueuses, et les travailleurs prussiens échangèrent avec ceux de Paris des adresses fraternelles. Dans la première, les ouvriers mécaniciens de Berlin disaient :

« Nous détestons toute guerre, et nous tenons surtout la guerre entre la France et l'Allemagne pour également funeste aux intérêts de la civilisation et de la liberté ;

« Nous savons que les deux peuples ont sur leurs vastes et beaux territoires assez d'espace pour vivre heureusement et en paix à côté l'un de l'autre, et que les excitations de ceux qui auraient intérêt à procurer à la force la victoire sur le droit et la liberté, pourraient seules tendre à éveiller l'envie et la haine réciproques ;

« Nous sommes convaincus que les ouvriers n'ont rien à faire avec les lauriers de la guerre ; car ces lauriers croissent sur les champs de bataille engraissés des ossements des ouvriers ; ils sont arrosés des larmes des veuves et des orphelins, ils sont chargés des malédictions d'ouvriers affamés ;

« Nous tenons la concurrence du travail pour la seule rivalité digne de notre civilisation, et la lutte commune de toutes les nations pour la liberté contre les ennemis de la liberté pour la seule lutte digne de nous.

« Dans ces sentiments, nous envoyons à nos frères de Paris notre salut pacifique. »

La commission parisienne de l'Association internationale des travailleurs répondit :

« Ouvriers de Berlin,

« Nous avons reçu avec joie votre salut pacifique ; comme vous, nous ne voulons que la paix et la liberté.

« Comme citoyens, sans doute, nous aimons la mère patrie ; mais quand l'esprit du passé essaye d'éterniser les préjugés, quand les adorateurs de la force veulent réveiller les haines nationales, ouvriers, nous n'oublierons jamais que le TRAVAIL, qui nous fait tous solidaires, ne peut se développer que par la paix et la liberté.

« Il ne s'agit point de décider par les armes la nationalité d'un lambeau de territoire, mais bien de réunir nos efforts pour y faire régner l'équité.

« N'avons-nous pas à combattre assez de causes de misère, de souffrances, assez de malheurs immérités, sans aller, de nos propres mains, détruire et dévaster, laissant le champ en friche, la machine inerte ?

« Vainqueurs, vaincus, nous n'en serons pas moins victimes.

« Le travail, c'est le devoir et le droit : c'est la loi de l'homme moderne.

« La guerre entre peuples ne peut être considérée que comme une guerre civile : un recul de la civilisation.

« Ouvriers d'Allemagne ou de France, nous n'avons pas trop de toutes nos forces et de toutes nos énergies, pour nous organiser en vue du travail et de l'échange.

« Nous voulons la paix et la liberté.

« La paix ! pour produire, échanger ensemble.

« La liberté ! pour établir entre nous des relations toujours plus intimes, plus pacifiques ; car, à mesure que nous nous connaissons mieux, nous nous estimons davantage.

« Frères de Berlin ! frères d'Allemagne !

« C'est au nom de la solidarité universelle, invoquée par L'ASSOCIATION INTERNATIONALE, que nous échangeons avec vous le salut pacifique qui cimentera à nouveau l'alliance indissoluble des travailleurs !

« Pour la commission parisienne :

« *Les correspondants,*

« TOLAIN, FRIBOURG, VARLIN. »

Le bureau de l'Association internationale d'Amiens s'associe en ces termes aux sentiments exprimés par le bureau de Paris :

« Les travailleurs amiénois, membres de l'*Association internationale*, saluent avec joie les espérances et les manifestations pacifiques qui s'affirment chaque jour davantage.

« Comme leurs frères de Paris et de Berlin, ils s'élèvent avec énergie contre les horreurs que ferait surgir une guerre entre la France et l'Allemagne. Ils savent que c'est du meilleur sang que s'arrosent les champs de bataille sur lesquels ne croît jamais que le droit du plus fort, et préfèrent aux lauriers stériles d'une gloire douteuse et inhumaine les fruits féconds de la paix.

« La guerre, cet apanage des temps barbares, aurait aujourd'hui surtout les conséquences les plus funestes. Elle ne ferait qu'apporter une diversion fâcheuse à l'étude des problèmes économiques et sociaux que les peuples cherchent avec ardeur à résoudre, et reculer pour longtemps peut-être une solution qui importe aux classes laborieuses de toutes les nations, dont les intérêts sont partout solidaires.

« Les travailleurs soussignés ont conscience de faire acte de vrai patriotisme et d'humanité en opposant aux excitations belliqueuses d'un chauvinisme arriéré une énergique protestation.

« *La Commission provisoire du bureau d'Amiens :*

« Paul Caruelle, Raoul Caruelle, A. Lugan, J.-B. Tassencourt, A. Marchand, Boulanger, O. Rohaut, F. Siner, Jourdain, Vimeux. »

Une autre adresse, émanant des membres des sociétés coopératives de Paris, était signée de quinze cents ouvriers, parmi lesquels étaient un grand nombre d'Allemands domiciliés à Paris :

Grenadiers prussiens.

« Frères et amis,

« Vous êtes dans la justice et la vérité. Nous avons lu votre adresse les larmes aux yeux et la joie au cœur.

« Que nos frères allemands en soient bien convaincus, tous nous voulons la paix, tous nous détestons la guerre, tous nous tenons la lutte commune des nations pour la liberté contre les ennemis de la liberté, pour la seule lutte digne de nous.

« Avec vous, nous protestons contre la force oppressive du droit ; nous répudions toute idée de conquête et d'agrandissement territorial ; nous voulons que la volonté des nations soit respectée comme la volonté des citoyens.

« Avec vous, nous voulons que l'opinion publique arrive enfin à gouverner seule les États, et que l'esprit de fraternité anime seul les relations de peuple à peuple.

« Ceux qui vous parlent de notre ambition vous trompent. Nous sommes vos amis. Ceux qui essayent de nous mettre aux prises, ceux-là sont nos ennemis communs. Et si le sang des peuples doit être répandu sur les champs de bataille, ce sera malgré vous et malgré nous. Nous le disons bien haut, alors qu'il en est

temps encore, pour que la responsabilité d'un si grand crime retombe tout entière sur ses auteurs.

« A vous fraternellement. »

Des Allemands demeurant à Paris signèrent cette autre adresse à leurs compatriotes :

« Frères allemands ! Les adversaires de la liberté et du droit, voyant approcher la fin de leur règne par suite de l'union fraternelle qui se forme parmi les travailleurs de tous les pays, cherchent à réveiller la haine nationale entre l'Allemagne et la France. Ils espèrent de la sorte étouffer dans leurs germes les efforts généreux des peuples, prêts à se tendre la main, et rétablir, par le sang et le fer, l'édifice vermoulu d'un despotisme militaire suranné. Des travailleurs allemands et français ont déjà exprimé avec une noble indignation leur horreur en face de ces tentatives criminelles d'exciter les uns contre les autres les peuples modernes les plus civilisés.

« Réunissons notre voix à celle de nos camarades et de tous les amis de la liberté, en proclamant hautement que nos sentiments humains, autant que nos intérêts et nos efforts communs comme travailleurs, se trouvent profondément lésés par une lutte sans objet et contraire à tous les principes démocratiques, lutte qui ne pourrait amener que notre misère et notre humiliation. Notre enthousiasme et toutes nos forces appartiennent aux luttes pacifiques du travail. C'est lui seul qui sera appelé à délivrer les peuples de toute oppression et de tout injuste régime.

« Frères allemands! Qu'une seule grande ligue de paix s'étende sur l'Allemagne et la France, et prouve au monde que les temps sont passés où les peuples n'étaient que les instruments aveugles de l'ambition et de l'esprit de domination. »

Une adresse, également revêtue de nombreuses signatures, était ainsi conçue :

« Pour nous comme pour vous, la guerre est détestable ; pour nous comme pour vous, toute collision sanglante entre l'Allemagne et la France nous paraîtrait fatale pour ces deux grandes nations, faites pour vivre en paix sans empiéter l'une sur l'autre.

« Avec la guerre on ne discute plus, on obéit ; on ne travaille plus, on se bat ; on ne vit plus, on ne fait plus vivre, on meurt ou l'on tue. La guerre nous atteint donc, nous autres démocrates, dans nos intérêts, dans notre existence ; nous la soldons de nos libertés, de nos espérances, du bien-être de nos familles, du sang de nos enfants.

« Vous avez donc raison de le dire : ne cédons pas aux excitations de ceux qui auraient intérêt à donner la victoire à la force contre le droit.

« Plus de craintes injustes, plus d'envie stérile, plus de vains agrandissements de territoires : indépendance et union réciproques, libre échange des idées et des produits, noble et féconde émulation du travail, tel doit être désormais le programme international digne de notre civilisation. Combattre en commun pour la liberté contre tout ennemi de la liberté, telle est la seule lutte digne des démocrates, quelle que soit leur nationalité. »

Le commerce parisien crut devoir, de son côté, faire une manifestation, et peut-être dépassa-t-il le but. La pétition que des négociants et industriels de Paris remirent aux députés de la Seine indiquait une disposition fâcheuse à faire bon marché de l'honneur national. Faut-il supporter les humiliations, plier devant l'injustice, se laisser mettre en tutelle par l'étranger pour obtenir un calme trompeur et une fausse sécurité?

Quoi qu'il en soit, cette adresse était ainsi conçue :

« Messieurs les députés de la Seine,

« Tout en traversant une crise pénible dont vous avez pu constater les menaçantes conséquences, le commerce et l'industrie n'ont reculé devant aucun sacrifice pour que notre pays figurât dignement à ce grand concours international qui fait encore une fois de la France le dépositaire momentané des produits, des arts, des sciences et du travail sous toutes les formes.

« Aujourd'hui que cette féconde et solennelle manifestation de la civilisation est déjà dans tout son éclat, aujourd'hui qu'elle convoque l'univers entier à contempler ses éclatants prodiges, pourquoi faut-il que des bruits sinistres viennent ruiner toutes les espérances, troubler toutes les consciences et faire retentir le mot de guerre au sein même de l'union et de la paix?

« Patriotes énergiques et vigilants, mais hommes de principe et de bonne foi, nous cherchons vainement du côté de l'Allemagne des causes nouvelles et sérieuses qui pourraient nous faire subir ou provoquer de sanglantes collisions. Mais les événements ne sont pas dans nos mains, et, pendant qu'il en est temps encore, avant que les esprits aient subi les excitations et les entraînements des circonstances, nous venons, messieurs, vous faire connaître nos sentiments pour vous mettre à même de les traduire et de les défendre au besoin.

« Nous considérons la guerre comme le plus épouvantable des fléaux. La guerre atteint le citoyen dans ses intérêts, dans sa famille, dans son indépendance et dans sa liberté, qui seule fait la vraie grandeur des nations. La guerre entretient entre les peuples des haines qui se perpétuent dans l'avenir après avoir ruiné le présent.

« Nous pensons que les exemples du passé doivent enfin être mis à profit: Que de sang versé! que de ruines accumulées pour satisfaire des ambitions abritées derrière ces mots dont on a trop abusé : l'honneur national.

« Ou le progrès est un mot vide de sens qui doit être à jamais rayé du programme de nos institutions, ou les peuples ne doivent plus se laisser exciter à la haine et à la guerre. Le moment est venu de former la sainte alliance des peuples : plus de sang versé, plus de luttes que les luttes pacifiques et fécondes de l'intelligence et du travail!

« Telles sont, messieurs, les idées que la situation nous fait un devoir d'émettre. Elles sont aussi les vôtres, nous n'en doutons pas, mais nous avons cru bien faire en donnant à vos paroles l'appui de nos convictions. »

CHAPITRE XIV

Communication du Gouvernement, 27 avril. — Ouverture des Chambres prussiennes (29 avril). — Discours de Guillaume Ier.—Explications données par lord Stanley à la Chambre des Communes, le 29 avril. — Note du *Moniteur* (30 avril).— Nouvelles explications de lord Stanley.

L'avenir nous réservait-il la paix ou la guerre? l'Europe l'ignorait : elle savait seulement que la di-

plomatie était à l'œuvre ; que l'Autriche avait proposé la réunion d'une conférence ; qu'il était question
de prévenir tout conflit ultérieur, en plaçant sous la
garantie expresse et certaine des grandes puissances
l'inviolabilité du territoire luxembourgeois, maintenu
sous la couronne de Hollande, et de donner ainsi, en
même temps, à l'Allemagne et à l'Europe, une compensation pour le droit de garnison que la Prusse
avait exercé jusqu'ici à Luxembourg. Une demande
d'interpellations, faite le 25 avril par M. Jules Favre et
quelques-uns de ses collègues, provoqua la lettre suivante, adressée par M. le ministre d'État à M. Schneider, qui en donna lecture au Corps législatif, dans la
séance du 27 avril.

« Monsieur le président,

« Vous m'avez fait l'honneur de me communiquer,
par votre dépêche en date d'hier, copie d'une demande d'interpellations relative à la question du Luxembourg et signée par MM. Jules Favre, Bethmont,
Picard, Malézieux et Jules Simon.

« Le gouvernement éprouve le vif désir d'exprimer
aux pouvoirs publics et au pays tous les faits relatifs
à la question du grand-duché. Si des explications
immédiates avaient été possibles, il se serait empressé
de les porter à la tribune.

« Mais des négociations favorables au maintien de
la paix en Europe sont entamées et activement poursuivies par les grandes puissances. Cette situation diplomatique impose au gouvernement de l'Empereur la
plus grande réserve, il croit de son devoir de ne pas
assumer la responsabilité d'un débat public prématuré. (Très-bien ! très-bien !)

« C'est avec regret que, en présence des émotions
naturelles de l'opinion publique, il propose l'ajournement de cette discussion ; mais le Corps législatif a
une trop haute expérience des affaires diplomatiques
pour ne pas donner son approbation à cette ligne de
conduite.

« Le gouvernement est d'ailleurs résolu à traiter
cet important sujet devant la Chambre aussitôt que
les circonstances le permettront. (Nouvelle et vive
approbation.)

« Agréez, Monsieur le président, l'assurance de
ma haute considération.

« Le ministre d'État,
« Signé : ROUHER. »

Neuf copies de cette dépêche furent envoyées aux
bureaux en même temps que la demande d'interpellations. Les neuf bureaux, après avoir délibéré, émi-
rent l'avis que les interpellations ne pouvaient pas
avoir lieu.

Ce résultat donna lieu à un court et rapide col-
loque.

— Monsieur le Président, dit M. Jules Favre, je
demande à présenter une observation. (Interruption.
— Mouvements divers.)

M. le président Schneider. — Il n'y a pas lieu d'en
présenter.

M. Jules Favre. — J'en indique seulement le sens
Monsieur le président. Les signataires de la demande
d'interpellations prennent acte des déclarations et des
espérances consignées dans la lettre qui vient d'être
lue. Seulement ils demandent à M. le ministre d'État
de ne prendre aucune résolution définitive avant
d'avoir consulté la Chambre... (Interruption. — Sur
quelques bancs près de l'orateur : Très bien ! très-bien !)

M. Glais-Bizoin. — Qu'on ne fasse pas comme pour
le Mexique ! (Bruit !)

Le parlement prussien s'assemblait pour examiner
quels changements dans la constitution prussienne
rendait indispensable la création de la confédération
nouvelle. Il était permis d'attendre de nouveaux
éclaircissements du roi Guillaume 1er qui ouvrait en
personne les chambres prussiennes, le 29 avril ; mais
il se tint dans le vague, et ne prononça pas même
le nom de Luxembourg. Voici sa harangue, digne
pendant de celle du 17 avril :

« Illustres, nobles et honorés messieurs des deux
Chambres du Parlement,

« Il est sorti des délibérations du Reichstag, au sein
duquel le peuple prussien a envoyé ses représentants,
en vertu de la loi sanctionnée par vous, une Constitution de la confédération de l'Allemagne du Nord, par
laquelle le développement unitaire de la nation paraît être définitivement assuré.

« Je vous ai réunis autour de mon trône pour soumettre cette Constitution à vos délibérations. L'œuvre
de l'union nationale, que le gouvernement a com-
mencée avec votre coopération, doit maintenant être
achevée avec votre assentiment.

« C'est sur cette base que la protection du territoire
fédéral, la culture du droit commun et de la prospérité du peuple seront sauvegardées désormais par
l'union commune de toutes les populations du nord
de l'Allemagne et de leurs gouvernements.

« Par l'inauguration de la Constitution fédérale, les
attributions des représentations des États particuliers
subiront des restrictions inévitables sur les points qui,
désormais, seront soumis à un développement commun ; mais le peuple lui-même n'aura à renoncer à
aucun des droits dont il jouissait jusqu'ici.

« Il n'en transférera la sauvegarde qu'à des représentants de la communauté élargie, et l'assentiment
des représentants librement exprimé par tout le
peuple, est également nécessaire, dans la confédération du Nord, à toute nouvelle loi.

« Par la Constitution fédérale, on a pris soin, sous
tous les rapports, que les droits à l'exercice desquels
les représentations des pays particuliers auront à renoncer, soient tranférés dans la même étendue à la
représentation générale du Reichstag.

« La consolidation de l'indépendance nationale, la

puissance et la prospérité doivent marcher de front avec le développement du droit allemand et des institutions constitutionnelles.

« Mon gouvernement a la confiance que les Chambres du Parlement, en appréciant à sa juste valeur le besoin national le plus urgent, prêteront volontairement la main à la prompte solution de notre tâche présente.

« Messieurs, la confédération nouvellement établie comprend avant tout les États seuls de l'Allemagne du Nord ; mais une communauté étroite et nationale les unira toujours au États du Sud de l'Allemagne.

« Des relations solides que mon gouvernement a déjà conclues, dans l'automne dernier, pour une alliance offensive et défensive avec ces États, seront étendues par des traités spéciaux à la grande communauté de l'Allemagne du Nord.

« Le vif sentiment qu'ont les gouvernements et les peuples de l'Allemagne méridionale des dangers du morcellement de l'Allemagne, le besoin d'une ferme union nationale qui trouve dans toute l'Allemagne une expression de plus en plus décidée, servira à hâter la solution de ce problème.

« Les forces unies de la nation seront appelées et seront propres à garantir à l'Allemagne les bienfaits de la paix et la protection efficace de ses droits et de ses intérêts.

« Dans cette conviction, mon gouvernement aura à cœur de prévenir tout trouble de la paix européenne, par tous les moyens compatibles avec l'honnneur et les intérêts de la patrie.

« Le peuple allemand, fort par son union, pourra envisager avec confiance les vicissitudes que l'avenir nous réserve, si vous, messieurs, voulez m'aider avec le patriotisme dont on a toujours fait preuve en Prusse dans les moments graves, à achever la grande œuvre de l'union nationale. »

Les renseignements que la curiosité publique aurait vainement cherchés dans le discours du roi de Prusse furent donnés à la Chambre des communes, le jour même où il le prononça, 29 avril. M. Horsman demanda à lord Stanley s'il lui était possible de faire part à la Chambre de quelque arrangement qui aurait été pris pour un conférence à Londres afin d'examiner la question en litige entre la France et la Prusse ?

Lord Stanley répondit :

« J'ai lieu de croire que l'assurance qu'un arrangement pour une conférence destinée à examiner cette affaire sera complété. La conférence n'est pas la proposition exclusive de l'Angleterre. Toutes les puissances intéressées dans la question se sont associées à cette proposition, et j'ai tout lieu de croire que la proposition sera acceptée par la France et la Prusse.

« J'ajoute avoir toute raison d'espérer et de croire que la question du Luxembourg, qui n'avait pas inquiété l'Angleterre seule, est en bonne voie d'être résolue à l'amiable. Je ne saurais dire tout ce qui s'est passé à ce sujet parce que d'autres gouvernements sont intéressés dans la question, et je n'ai pas le droit de faire connaître les choses sans leur agrément ; mais je saisis cette occasion pour démentir ce qui a été dit, à savoir que l'Angleterre aurait exprimé fortement son opinion touchant la question de droit dans l'affaire de Luxembourg.

« Au contraire l'Angleterre a exprimé l'opinion très-arrêtée aux gouvernements de France et de Prusse que la question en litige devait être réglée à l'amiable, et, de plus, j'ai déclaré formellement que si des hostilités venaient malheureusement à éclater, la position que l'Angleterre prendrait serait celle d'une rigoureuse et impartiale neutralité. (Applaudissements.) »

Une petite note qui encourageait les espérances pacifiques parut le lendemain dans le *Moniteur* français du 30 avril.

Elle était conçue en ces termes :

« Lorsque les derniers incidents relatifs au duché de Luxembourg ont fait naître une certaine appréhension pour le maintien de la paix, l'armée française, par suite des réductions opérées en 1865, était tombée au-dessous de l'effectif normal. D'un autre côté, le corps d'occupation du Mexique, en rentrant en France, avait laissé en Amérique 7,000 chevaux, dont 3,000 de trait, qu'il était indispensable de remplacer.

« Le devoir du gouvernement a donc été de prendre des mesures de précaution, qui ont consisté à relever l'effectif des régiments, à faire acheter un certain nombre de chevaux et à mettre nos places fortes de la frontière en état de défense.

« Les nouvelles pacifiques survenues depuis quelques jours ont déterminé l'Empereur à donner l'ordre de ne prendre aucune mesure nouvelle, afin de ne fournir à l'opinion publique aucun prétexte de s'émouvoir, et pour ne pas contrarier les espérances de paix.

« Ainsi le nombre des chevaux à acheter va être réduit au strict nécessaire, et les soldats en congé, qui allaient être rappelés, seront laissés dans leur foyers. »

Le soir du même jour, à la Chambre des communes, M. Griffith interrogea de nouveau le ministre des affaires étrangères. Était-il vrai qu'on eût demandé à l'Angleterre de participer à la garantie de neutralité du Luxembourg, et, dans ce cas, quel accueil le gouvernement avait-il fait à cette demande ?

Lord Stanley dit qu'il croyait savoir que la conférence se réunirait très-promptement, mais qu'il ne pensait pas devoir en devancer les délibérations. L'arrangement relatif à la position future du Luxembourg était l'affaire de la conférence. Le ministre ajouta :

« Le préopinant a oublié apparemment que, pendant dix-huit ans, le Luxembourg est resté placé sous la garantie de l'Europe. »

CHAPITRE XV

Suite des négociations.

Les cabinets, après avoir échangé leurs idées, étaient tombés d'accord pour recommander les bases d'un arrangement à intervenir :

Neutralisation du grand-duché du Luxembourg;

Évacuation de la forteresse de Luxembourg par les troupes prussiennes;

Démantèlement immédiat de la place, sous la surveillance d'officiers étrangers;

Interdiction de placer à Luxembourg un corps de troupes dépassant ce qui est strictement nécessaire pour le maintien de la police;

Engagement de la part du roi des Pays-Bas de ne pas disposer du grand-duché sans le consentement des cinq grandes puissances.

Le gouvernement français s'était tenu à l'écart pendant les négociations préalables, et avait laissé les puissances rechercher, de concert, les moyens les plus propres à assurer la consolidation de la paix générale. Il adhéra aux bases proposées, ainsi que le cabinet de Berlin, et il fut décidé que sur l'invitation du roi des Pays-Bas, agissant en sa qualité de souverain territorial, les cabinets de Londres, de Saint-Pétersbourg, de Vienne, de Berlin et de Paris, seraient appelés à prendre part à une conférence, dont la première séance fut fixée au 7 mai. Dans la séance du 3 mai, le marquis de Moustier fit aux Chambres cette communication nouvelle :

« Messieurs,

« Par ses communications antérieures, le gouvernement de l'empereur a eu l'honneur de vous faire connaître que les questions relatives au grand-duché de Luxembourg étaient remises à l'examen des grandes puissances.

« Depuis cette époque, des négociations ont été activement poursuivies entre les différentes cours. Un premier et important résultat vient d'être obtenu par ces négociations, et le gouvernement croit satisfaire à un juste sentiment de sollicitude du Corps législatif en lui apportant la communication officielle.

« L'Autriche, la France, la Grande-Bretagne, la Prusse et la Russie, sont aujourd'hui d'accord avec le roi des Pays-Bas, grand-duc de Luxembourg, pour ouvrir une conférence dans laquelle seront résolues toutes les difficultés relatives au grand-duché, et dans laquelle la situation internationale de ce territoire sera réglée sur les bases de sa neutralisation.

« Sur l'initiative de Sa Majesté le roi de Hollande, en sa qualité de souverain territorial, il a été décidé que la conférence se réunirait à Londres, le 7 de ce mois.

« Les sentiments qui animent tous les gouvernements, les appréciations respectives échangées entre eux avant la fixation de la conférence nous donnent l'assurance que de ces délibérations sortira une solution conforme aux intérêts et à la dignité des puissances engagées dans la question. Cette transaction consolidera ainsi la paix européenne.

« Fidèle à la ligne de conduite qu'il s'est tracée, le gouvernement de l'empereur s'empressera, le moment venu, d'expliquer au Corps législatif les résultats de la conférence de Londres. »

La Belgique fut appelée à participer à la conférence où devait se discuter le sort d'un pays qui pouvait lui être annexé. L'Italie y fut également invitée, bien qu'elle n'eût pas signé les traités de 1839, à cause de l'importance considérable qu'elle avait conquise depuis cette époque.

Les Luxembourgeois, dont le sort allait être décidé sans qu'ils eussent été consultés, essayèrent de faire entendre leur voix. Le conseil communal de Luxembourg tint, le 3 mai, dans la grande salle de l'hôtel de ville, place Guillaume, une première séance, dans laquelle il décida qu'une adresse serait envoyée au roi grand-duc, pour lui exposer la situation de la ville et les vœux de ses habitants. MM. les conseillers Alph. Funck, Ch. Simonis et Martha furent chargés de la rédaction du projet d'Adresse.

A six heures, le conseil se réunit pour entendre lecture du travail de la commission. Le projet fut adopté à l'unanimité.

Il fut résolu qu'une députation serait envoyée à La Haye pour remettre l'Adresse au roi, et que cette députation se rendrait éventuellement, et de l'autorisation du roi, à Londres pour défendre les intérêts de la ville près les membres de la conférence.

Furent nommés, à l'unanimité : MM. Eberhard, bourgmestre, Aschman et Simonis.

Voici l'Adresse :

« Sire,

« Les représentants des grandes puissances signataires des traités qui, en 1839, ont réglé la position politique du grand-duché de Luxembourg, vont se réunir en conférence pour asseoir cette position sur une base nouvelle.

« Les destinées de notre pays ne sont plus irrévocablement attachées à celles de l'Allemagne. L'indépendance de la couronne et du pays vont recevoir la consécration de l'Europe.

« Vos fidèles sujets se hâtent d'en porter la félicitation aux pieds de votre trône.

« La situation nouvelle faite au pays conformément à ses vœux, à ses aspirations, le rendrait enfin maître de son sort futur, et lui permettrait d'acclamer hautement, à la face de l'Europe, qu'il compte identifier son avenir avec les projets politiques qui semblent préoccuper à juste titre Votre Majesté.

« L'isolement du pays au milieu de ses puissants voisins, isolement qu'emporterait une neutralité virtuelle et absolue, serait difficile, sinon impossible, à concilier avec ses intérêts tant moraux que matériels.

« Mais si la neutralité qui nous menace doit faire un mal incalculable au pays, elle serait plus fatale pour votre capitale encore.

« L'anxiété et l'effervescence légitimes qui, en ce moment, se sont emparées de notre population, nous prescrivent le devoir de déposer aux pieds de votre trône les vœux et les droits de la ville de Luxembourg.

« En effet, sire, si la perte de toute garnison, si la démolition de la forteresse, si ces projets qu'on prête aux grandes puissances devaient se réaliser, c'en serait fait à tout jamais de la prospérité de la capitale du pays.

« Ville exclusivement militaire, toute son existence, tout son développement ont été fondés, pendant les six derniers siècles, sur la présence d'une forte garnison dans ses murs et sur le maintien de sa forteresse.

« En temps ordinaire, la garnison de Luxembourg s'élevait à 4,000 hommes, tandis que la population civile atteint à peine 53,000 âmes.

« Ces deux chiffres n'ont certes besoin d'aucun commentaire pour faire apprécier à Votre Majesté l'immensité de nos pertes.

Par l'inoccupation de la forteresse, par la démolition de celle-ci, la propriété bâtie baisserait de cinquante pour cent de sa valeur; notre classe ouvrière perdrait sa ressource la plus précieuse, notre commerce languirait et dépérirait.

« Par surcroît de malheur, la ville a vu dans ces derniers temps s'élever loin d'elle la gare centrale des chemins de fer. Si, par la démolition de la forteresse, la servitude de non bâtir vient à ne plus frapper les abords de la gare, le commerce s'y rencontrera peu à peu, et l'attraction qu'elle exercera ne fera que précipiter la ruine de Luxembourg.

« Le viaduc qu'à chers deniers la ville a construit par-dessus la vallée de la Pétrusse, pour se relier à la gare, n'empêchera pas cette éventualité, et n'aura servi qu'à aggraver la position de la ville pour l'avenir.

« Et récemment encore, pour obtenir le dégrèvement des servitudes militaires en faveur des villes basses, et pour atténuer les dangers de la présence des magasins de poudre, la ville s'est imposé des sacrifices considérables, qui ainsi auront été faits en pure perte.

« Il est un principe écrit dans tous les cœurs et dans les lois de tous les peuples civilisés, qui veut que toute expropriation pour cause d'utilité publique ne puisse se faire sans une juste indemnité; nous invoquons ce principe tutélaire quand nous venons dire humblement à Votre Majesté : « Si les grandes puissances, « pour conserver à l'Europe les bienfaits de la paix, « décident l'inoccupation ou bien la démolition de « notre forteresse, elles font succéder ici la ruine « à la prospérité, le dénûment à l'aisance, et elles doi- « vent à la ville de Luxembourg un juste dédomma- « gement. »

« Pleins de confiance en vos sentiments d'équité et de sage bienveillance, nous vous supplions, sire, de daigner charger votre représentant auprès de la conférence de Londres, de prendre nos intérêts en mains et d'y défendre nos droits, afin d'écarter de nous et de nos enfants la ruine et la désolation. »

Parfaitement accueillis à La Haye, embarqués pour Londres le 7 mai, MM. Eberhard, Aschman et Simonis firent, comme on va le voir, un voyage complétement inutile.

CHAPITRE XVI

Conférences de Londres.

La première conférence fut tenue le mardi 7 mai, au Foreing-Office de Londres, sous la présidence de lord Stanley, principal secrétaire d'État de la reine pour les affaires étrangères. Les autres plénipotentiaires étaient MM. le comte Apponyi, pour l'Autriche; le baron de Brunnow, pour la Russie; M. Van de Weyer, pour la Belgique; le prince de la Tour d'Auvergne, pour la France; M. d'Azeglio, pour l'Italie; le comte Bentinck, pour les Pays-Bas; le comte de Bernstorff, pour la Prusse; le baron de Tornaco et M. Servais, pour le grand-duché de Luxembourg.

La seconde conférence eut lieu le jeudi 9 mai, et lord Derby put venir dire à la chambre des lords, dans la séance du soir, en réponse à une interpellation du comte Russell :

« La conférence s'est réunie aujourd'hui à trois heures et demie, et je n'ai pas appris qu'aucun rapport ait été fait; mais j'ai compris que la conférence n'a soulevé aucune difficulté qui n'ait été immédiatement aplanie, et j'ai tout lieu de croire que la conférence est virtuellement arrivée à une conclusion, et bien que les signatures ne soient pas encore apposées sur un traité, en réalité la paix de l'Europe est assurée. »

A la chambre des communes, le député Labouchère demanda si le gouvernement avait l'intention de garantir la neutralité du Luxembourg sans consulter préalablement les communes.

« La conférence actuellement réunie à Londres, répondit le ministre des affaires étrangères des Trois-Royaumes, a tenu ce matin une seconde séance. Quoique l'usage et les convenances me défendent de dire avec quelque détail ce qui s'y est passé, je peux déclarer que, substantiellement, un arrangement a été accepté pour tous les points en question ; que certaines formalités peu importantes restent seules à régler ; et, enfin, que l'espérance exprimée par moi il y a dix jours, dans cette chambre, en réponse à une interpellation, lorsque j'ai dit que cette question du Luxembourg, qui troublait alors l'Europe, était en bonne voie d'une solution prompte et pacifique, que cette espérance, dis-je, est pratiquement sur le point d'être réalisée.

« Je désire aussi ajouter mes félicitations à la chambre et au pays de ce que le bon sens et la modération des parties spécialement intéressées ont prévenu et détourné les calamités d'une guerre européenne qui semblait imminente, il y a quelques semaines.

« Quant à la part prise par le gouvernement dans ces arrangements, nous avons agi conformément à l'usage constitutionnel du pays, sous notre propre responsabilité, comme conseillers de la couronne.

« Pour ce qui regarde cette responsabilité, lorsque nous avons été appelés à l'exercer, pour la justification de la conduite que nous pouvons adopter, si toutefois une telle justification devient nécessaire, ni mes collègues ni moi ne sommes disposés à la repousser. Je n'ai jamais souhaité avoir de mystères ou de secrets pour cette chambre, mais dans les circonstances présentes, le cas était urgent ; chaque délai d'une semaine augmentait, nous disait-on, et je le crois, les chances d'une collision.

« Chaque courrier des diverses capitales apportait une invitation de plus en plus pressante de commencer immédiatement les négociations, si on était décidé à y avoir recours. Je ne pouvais prendre seul et personnellement sur moi d'ajourner des négociations pour une période indéfinie peut-être ; un pareil ajournement eût pu empêcher l'arrangement désiré par toutes les parties intéressées. Quant à la question de garantie, à propos de laquelle je ne suis ni surpris ni mécontent, certes, de voir dans la chambre un vif sentiment de susceptibilité, sentiment que je partage moi-même ; quant à cette question, dis-je, je regarde comme convenu que la chambre sait que l'Angleterre, en commun avec les autres puissances signataires du traité d'avril 1839, a, par ce traité, actuellement garanti le grand-duché de Luxembourg au roi de Hollande de la façon la plus complète, la plus absolue et sans conditions. C'est un engagement que nous n'avons pas fait, mais trouvé ; un engagement que nous ne pouvons refuser.

« Tout ce que nous avons fait, tout ce que nous faisons maintenant, c'est simplement d'adapter cet engagement aux circonstances du moment, à la position du grand-duché changée par la dissolution de la Confédération germanique. En cela, nous n'avons point étendu, mais plutôt limité et défini la responsabilité, quelle qu'elle soit, qui retombait autrefois sur notre pays.

« C'est un sujet que je serai bientôt prêt à discuter, et j'espère, à démontrer clairement si quelque discussion s'élève sur ce point. En ce moment, je dois me borner à exprimer l'espoir que la négociation sera finie dans quelques jours, et qu'il n'y aura de raisons d'aucune sorte pour refuser communication des documents s'y rattachant. »

Une troisième séance de la conférence eut lieu, le 10 mai, à une heure. Pendant ce temps, les conjectures pleuvaient et les manifestations se multipliaient dans un sens tantôt belliqueux, tantôt pacifique. Une loge maçonnique de Paris, la *Fraternité des peuples*, vota, dans sa séance du 7 mai, cette adresse à la Franc-maçonnerie allemande :

« Frères allemands,

« Des bruits de guerre font retentir depuis quelque temps les échos de la vieille Europe.

« Remontant le courant de la civilisation, les peuples semblent vouloir une fois encore confier les destinées de l'avenir aux chances aveugles des batailles.

« Le droit des temps antiques revient, comme un fantôme, essayer une restauration de la brutale influence et protester, par sa réapparition, contre les progrès de la civilisation, contre la souveraineté de la justice et du droit.

« Frères allemands,

« Vos frères de France, qui travaillent sous la bannière de la FRATERNITÉ DES PEUPLES, ont cru devoir vous adresser, à ce moment suprême, un suprême appel en faveur des idées de paix et de fraternité.

« La guerre est impie ;

« Car la guerre, c'est la force matérielle, l'oubli de la morale, la négation du droit, un des fléaux qui déciment les générations de l'humanité.

« Nul ne peut oublier la phrase d'Hérodote : « La paix est le temps où les fils enterrent leurs pères, la guerre est le temps où les pères enterrent leurs fils. »

« Frères allemands,

« Nous avons les mêmes principes, les mêmes affections, les mêmes espérances.

« De l'un et de l'autre côté du Rhin nos cœurs se répondent.

« Unissons donc nos efforts pour éviter à l'humanité une de ces crises douloureuses qui font des veuves et des orphelins, qui entretiennent les haines internationales et qui n'aboutissent jamais qu'à reculer pour de longues années l'achèvement de l'édifice auquel travaille la maçonnerie.

« Et si des volontés fraternelles ne pouvaient prévaloir,

« Si le sort des peuples devait une fois encore être
joué au jeu sanglant des combats,

« Frères allemands,

« Donnons-nous par-dessus les frontières un baiser
fraternel,

« Jurons de rester dans la victoire comme dans la
défaite les vrais enfants de la veuve, et n'oublions jamais que les armes du travail sont les seules qui
nous conviennent, et que tous les hommes sont frères
sous l'égide de notre devise immortelle :

« Liberté, Égalité, Fraternité ! »

A Leipzig, un meeting considérable offrit, à l'unanimité, les salutations cordiales du peuple allemand
au peuple français. Plusieurs milliers d'Allemands, de
diverses contrées, déclarèrent qu'ils voyaient avec un
profond regret la prospérité de deux grandes nations
menacée par des complications diplomatiques. Outre
leur désir de faire respecter leur honneur et leurs droits
nationaux, ils ne connaissaient qu'une ambition : c'était
de rivaliser avec leurs voisins français dans une lutte
glorieuse en faveur de la liberté et de l'entente cor-
diale des peuples. Que la France respectât l'honneur
allemand comme l'Allemagne respectait l'honneur
français et les désastres d'un autre âge ne reparaî-
traient plus.

Une adresse signée à Fribourg (grand-duché de
Bade) disait :

« Au peuple français !

« Depuis plus de cinquante ans les Allemands et les
Français ont vécu en paix et amitié.

« Les bénédictions d'une si longue paix ont créé,
dans tous les domaines de l'art et de la science, de
l'industrie et du commerce, des liens intimes dont la
rupture violente serait la ruine du bien-être des deux
peuples.

« Également jalouses de leur gloire et de leur dignité nationales, les deux nations dédaignent de laver
dans leur sang les péchés de la diplomatie, et de satisfaire l'ambition de quelques-uns par le sacrifice des
biens les plus précieux.

« Français, vous nous assurez de votre amour de
la paix, et vous désirez que l'Allemagne manifeste
aussi son amitié pour vous, eh bien ! donc tendons-
nous la main par-dessus la tête de ceux qui, sur les
débris de notre bonheur et de notre liberté, vou-
draient déployer le drapeau sanglant d'une grandeur
imaginaire.

« 10 mai 1867.

« Pour l'Association populaire,
« Franck, président.
« Pour la Société ouvrière de perfectionnement,
« Ferchenbach.
« Pour la Société musicale,
« Buch, président. »

Les associations ouvrières du Wurtemberg écri-
virent aux ouvriers français :

« L'assemblée générale des sociétés ouvrières de
perfectionnement du Wurtemberg adhère à l'adresse
des ouvriers de Berlin aux ouvriers français, et déclare, qu'une guerre entre la France et l'Allemagne
serait un crime contre la civilisation, et qu'une telle
guerre est impossible, si des deux côtés il y a respect
égal et réciproque du droit et de l'honneur de chacune des deux parties. Ils déclarent que le devoir du
peuple français et du peuple allemand est de conserver et d'étendre la liberté et le bien-être de l'Europe
par la rivalité pacifique du travail et de la civilisation.

« Nous invitons les autres associations fraternelles à
s'associer à ces déclarations. »

Enfin une nouvelle adresse émanait de l'Association
générale des ouvriers de Berlin.

« Au peuple français !

« Français, ouvriers et frères !

« Le bruit d'un danger imminent de guerre a été
provoqué par la question des rapports du Luxembourg
avec l'Allemagne; il inquiète depuis quelque temps la
plupart des nations européennes, mais il a donné aux
deux nations les plus directement intéressées, aux
Français et aux Allemands, l'occasion d'échanger plusieurs fois leurs vœux pour la solution amiable de
cette difficulté.

« Nous, les ouvriers de Berlin, nous voulons de nouveau manifester notre sentiment pour le maintien durable de la paix et en faire parvenir l'expression à
toute la nation française.

« C'est au sein du travail et de la famille que nous
voulons fonder notre bien-être, et non au service du
despotisme, qui aspire à la puissance par des lauriers sanglants, et qui finit toujours par abuser du
sentiment national, après l'avoir aiguillonné pour
conquérir des territoires et des peuples.

« Français, tendons à l'universelle fraternité des
peuples. Détestons toute guerre avec ses horreurs et
ses terreurs. Détestons-la comme un legs du cruel
moyen âge propre seulement à entraver l'évolution
industrielle et libérale des temps modernes, à la souil-
ler et à la déshonorer. Nos champs de bataille ce sont
les ateliers, ce sont les temples de l'humanité où chacun peut lutter de toutes ses forces avec des armes
pacifiques et morales pour la vérité, pour la justice,
pour la beauté éternelles.

« Français, frères, nous attendons de vous, comme
d'une nation civilisée, que vous reconnaissiez et
estimiez ces sentiments, et que, unis à nous, vous
concouriez à cimenter la fédération humaine qui, par
la liberté et la fraternité, marche à l'unité et à la
paix.

« L'Association des ouvriers de Berlin,
« Robert Krebs, président. »

Artilleurs, Hussard et Garde-du-Corps prussiens.

Il y eut une adresse pareille de l'association des sociétés allemandes de Suisse.

Ces belles inspirations n'étaient malheureusement pas générales. La France continuait à être insultée dans plusieurs journaux d'Outre-Rhin. « Nous devons tout d'abord, disait la *Gazette d'Augsbourg*, repousser cette prétention qui voudrait que nous fissions écho à une déclaration portant que n'importe quelle solution de la question du Luxembourg est préférable à une guerre entre la Prusse et la France. Pour la France, une pareille déclaration est tout à fait naturelle, car elle retire par là la prétention injuste qu'elle avait posée. Mais pour l'Allemagne, elle serait une abdication de son droit, de sa nationalité, de son avenir, de son honneur. Si la France rentre dans le respect de notre nationalité, nous en prendrons acte avec plaisir, et nous lui rendrons volontiers la pareille. Aussi nous ne souhaitons pas la guerre, mais pour l'amour de la paix, nous ne nous abandonnerons pas, nous demandons au contraire que la France nous laisse cette fois, et à l'avenir, ce qui nous appartient, comme nous lui laissons ce qui lui appartient. Les voix qui s'élèvent en France pour nous dire « que ce serait un

« honneur pour nous de faire preuve d'abnégation et « d'équité en cédant le Luxembourg, » ne font aucune impression sur les cœurs allemands et sur les têtes allemandes. Jusqu'à présent nous ne voyons pas en Allemagne de patriotisme malsain, et là où il montre de la passion, c'est la passion du droit blessé. »

L'arrogance de cet article se retrouve à un plus haut degré dans la réponse que firent à un manifeste pacifique des étudiants de Strasbourg, des étudiants de Berlin, membres de l'association dite la *Burschenschaft*, de deux mots qui signifient : l'un, *burschen*, jeunes compagnons, camarades; l'autre, *schaft*, totalité, ensemble de personnes d'une même catégorie. Loin de reconnaître les bonnes avances des jeunes Alsaciens, quelques membres de la *Burschenschaft* répliquèrent avec une offensante acrimonie dans une adresse qu'inséra la *Gazette d'Ausbourg* :

« Berlin, 11 mai.

« Il ne peut pas convenir à la *Burschenschaft* allemande de prêcher la paix dans un moment où nous avons dû l'acheter par de nouvelles humiliations de notre patrie, dans un temps où de la France nous sont venus de nouveaux opprobres, où nous avons été me-

nacés de nouvelles usurpations de territoires allemands.

« Nous ne voyons pas que votre adresse beaucoup
trop vague soit opportune, quant au cas pratique de la
question du Luxembourg. Pour nous, comme pour tout
honnête homme qui sait distinguer le *tien* et le *mien*,
ce n'est pas du tout une question que celle-ci, que le
grand-duché de Luxembourg, aussi bien que le Sleswig-
Holstein, aussi bien qu'autrefois l'Alsace, est un pays
allemand, une propriété imprescriptible de la nation
allemande, et les derniers événements ne peuvent rien
avoir changé à ce bon droit.

« Nous, Allemands, nous sommes un peuple pacifi-
et non un peuple avide de conquêtes; mais nous voulons garder ce qui nous appartient et nous garer des
voleurs. Nous regardons comme traître à la patrie et
à la nation tout Allemand qui, pour éviter une guerre
défensive qui serait faite pour repousser des prétentions
éhontées, serait d'avis d'évacuer un pays allemand et
conseillerait une paix honteuse.

« Pour ce qui est du point de vue auquel vous, étudiants de Strasbourg, vous vous placez pour vous
adresser à nous, nous avons déjà signifié plus haut que
ce point de vue nous ne saurions l'approuver; mais,
bien plus, nous devons dire que ce point de vue nous
blesse profondément.

« Vous, habitants de l'Alsace, vous nous parlez
comme Français, et cependant vous portez pour la
plupart des noms allemands, vous êtes de race allemande, vous êtes les petits-fils de ces *Allemanen* qui,
pendant tout un millier d'années, ont montré en Alsace qu'ils ne formaient pas le rejeton le plus mauvais de la nation allemande, de ces *Allemanen* qui, à
travers notre histoire, se sont élevés dans la littérature,
dans l'art aussi bien qu'en puissance, dans une com-
munion intime avec nous.

« Pendant mille ans, l'Alsace fut une partie indépendante et glorieuse de notre nation; une forteresse
avancée du droit allemand, forteresse élevée contre ce
peuple voisin, ces Velches (race romane) qui ne peuvent rester en repos.

« Mais qu'est devenue cette Alsace? Aujourd'hui elle
n'est pas autre chose qu'une province sous le joug,
où l'on arrache toute vie libre et indépendante avec la
langue et les mœurs allemandes, dépendante de Paris,
méprisée des vrais Français qui vous appellent : « Ces
« grosses bêtes d'Alsaciens! » Vous êtes bien des sujets
de la France, mais êtes-vous pour cela des Français de
nationalité?

« Êtes-vous du jour au lendemain des Germains devenus Romans?... Rien que deux siècles, — ô honte!
— ont suffi pour vous faire oublier une histoire de
mille ans; pour vous faire oublier comment l'Alsace,
comment Metz, Toul et Verdun, comment Nancy sont
devenus français!

« Est-ce que le Rhin allemand, votre cathédrale, les
chants d'Allemagne, si vous êtes encore capables de
les comprendre, ne vous crient pas chaque jour :
« Vous êtes Allemands. » Vous voulez coûte que coûte
être Français, et vous chantez à votre honte : « *O*
« *France, ô ma patrie!* » au lieu de notre refrain: « *Alle-*
« *magne, Allemagne au-dessus de tout, au-dessus de tout*
« *dans le monde!* » nous vous disons : reconnaissez-
vous vous-mêmes!... »

Cette adresse fut affichée sur les tableaux noirs des
universités de Berlin, de Tubingen et de Heidelberg;
mais elle trouva peu d'adhérents. La *Gazette de Cologne*
elle-même, quoique faisant habituellement profession
du plus pur pangermanisme, recula devant cette bru-
talité, sans abandonner toutefois ses idées anti-fran-
çaises :

« Il est, dit-elle, incontestablement très-regrettable
pour l'Allemagne que l'Alsace lui soit devenue étrangère; mais ce n'est pas la France seule qui a été cou-
pable dans cet événement. L'union de l'Alsace avec la
France est pour le moment un fait accompli, et les
Français seraient dans la plus grave erreur si, s'ap-
puyant sur les adresses des étudiants, ils étaient disposés à croire qu'il y a en Allemagne un parti tant soit
peu considérable qui ait l'idée insensée de reconquérir
l'Alsace les armes à la main.

« On ne doit pas exagérer le principe des nationalités sous peine de provoquer une guerre éternelle de
tous contre tous. La nationalité d'un peuple s'appuie
non-seulement sur son origine et son langage, mais
encore sur son sentiment national. Ce sentiment n'est
pas du tout allemand en Alsace, et des adresses gros-
sières ne contribueront nullement à réveiller les sympathies allemandes des Alsaciens.

« Les étudiants, bien qu'ils invoquent l'histoire,
n'ont pas probablement eu le temps de l'étudier atten-
tivement. S'il en était ainsi, ils n'affirmeraient pas que
les villes purement allemandes de Metz, Toul et Verdun, ont été arrachées de l'Allemagne par la ruse et
la méchanceté de la France. Ils n'auraient qu'à examiner les anciens priviléges des patriciens de Metz
pour se convaincre qu'il n'y a pas un seul nom allemand parmi ces derniers.

« Aujourd'hui que la France a donné tant de preuves
de son amour de la paix, et que les efforts des grandes
puissances nous ont ramenés à de bons rapports de
voisinage avec ce pays, il est au plus haut point inop-
portun de réveiller l'ancienne haine de l'Allemagne
contre la France. On ne pourrait parler de la conquête
de l'Alsace que si nous étions forcés à faire la guerre.
Aujourd'hui, l'unique moyen par lequel nous pouvons
réveiller le sentiment allemand des Alsaciens, c'est
de créer une patrie allemande grande et digne de
respect. »

Les étudiants de Berlin finirent par désavouer les
auteurs de l'adresse malencontreuse, et par en rédiger
une autre. Sans tenir compte de la première. Les si-

gnataires parlaient, non pas au nom de la *Burschen-schaft*, mais en leur nom personnel.

« Frères français !

« C'est dans un esprit véritablement noble que vous nous avez adressé, aux jours où une guerre funeste menaçait nos peuples, des paroles de paix, de nobles paroles. Vous avez désavoué résolûment les tendances conquérantes d'ennemis égoïstes de la liberté. Nous vous en remercions.

« Des circonstances particulières nous ont empêchés de vous répondre plus tôt. Les nuages de la guerre sont dissipés; la paix, aujourd'hui, nous semble assurée. Mais maintenant encore, nous devons déclarer, dans le même sentiment que vous, qu'il est temps pour les peuples d'élever eux-mêmes la voix lorsqu'il s'agit de leurs biens les plus importants, les plus sacrés, et que pour l'Allemagne unie dans la liberté et pour la France libre, il ne pourra jamais exister de motif vrai pour prendre les armes l'une contre l'autre.

« La guerre a été trop souvent déjà la source du despotisme; l'intérêt des peuples demande la paix. Le travail et la science doivent trouver un terrain prospère par les bienfaits de la paix; c'est là l'arène de notre rivalité.

« Frères français ! Conformément à la haute mission de la jeunesse instruite, efforçons-nous avec zèle de faire prévaloir nos idées ! l'avenir nous appartiendra alors. Recevez notre salut cordial. Puisse ce premier échange de nos idées être le commencement d'un commerce intellectuel entre la jeunesse instruite de France et d'Allemagne. »

En même temps que cette adresse, la *Gazette nationale*, de Berlin, publia une protestation de la *Burschenschaft*, c'est-à-dire de l'association particulièrement mise en cause par la triste publication de la *Gazette d'Augsbourg*.

Les étudiants de Strasbourg reçurent aussi de ceux de Wurzbourg la remarquable lettre que voici :

« Wurzbourg, le 11 mai 1867.

« Le corps des étudiants de Wurzbourg, aux étudiants de Strasbourg.

« Une parole qui profondément et sincèrement sentie, découle du plus profond du cœur, doit trouver et trouvera de l'écho chez tous ceux qui ont les mêmes sympathies. Les sentiments qui vous animent, les idées qu'avec une noble liberté, vous nous avez communiquées dans votre Adresse, ont éveillé un écho dans nos poitrines. Oui, avec joie et sans arrière-pensée, laissez-nous proclamer aussi que nous maudissons une guerre qui anéantit les résultats pénibles de la civilisation et de l'éducation des peuples; une guerre qui ensevelit la libre vie des intelligences, qui repousse les peuples dans la nuit de l'ignorance et de la grossièreté, qui menace la paix de l'Europe.

« Malheur aux peuples qui songent à subjuguer d'autres peuples, au lieu de poursuivre le perfection-nement de l'humanité, but digne de leurs efforts, comme membres puissants de la grande chaîne de l'humanité, au lieu de voir leur éternelle et sainte mission dans la fondation du bonheur et du bien-être des nations !

« Nous, étudiants, nous sommes destinés à nous former par la science pour une mission qui est intimement liée avec les plus hauts et les plus saints intérêts de nos peuples. Ne nous repentons d'aucun de nos efforts pour la conservation de la paix et de ses bénédictions, autant que cela dépend de nous. Luttons par la puissance tranquille d'une idée plus élevée contre la passion aveugle de la foule. Nous n'exagérons pas l'efficacité de nos efforts; pourtant nous espérons avec vous pour le mieux. Mais si notre espérance ne se réalise pas, alors nous voulons protester avec vous au nom de la civilisation, de la liberté et du progrès contre une guerre qui répandra des misères incalculables sur le monde. Alors, aussi bien que nous voulons travailler de toutes nos forces à la conservation de la paix, et que nous la regardons comme absolument nécessaire au développement de nos deux pays, de même il n'y aura pas de biens que nous ne sacrifierons avec joie pour l'intégrité de notre patrie allemande tout entière.

« Cependant nous répétons que nous comme vous, nous espérons que dans la fermentation des opinions, l'opinion la plus élevée et la meilleure que nous représentons avec vous, prendra le dessus et le gardera. Par ce vœu, nous répondrons avec joie et de cœur à votre salut.

« Au nom de ceux qui l'ont élu.

« Le Comité. »

CHAPITRE XVII

Conclusion de la paix.

La nouvelle de la paix vint tomber au milieu de cette agitation en sens divers. Les plénipotentiaires signèrent le traité le samedi 11 mai, et le lundi 13 mai le marquis de Moustier donna lecture au Sénat et au Corps législatif du document dont voici le texte :

Communication du gouvernement français.

« 13 mai 1867.

« La conférence de Londres a terminé ses travaux, et réunis le 7 de ce mois, les plénipotentiaires ont signé, le 11, le traité qui détermine d'une manière définitive la situation internationale du grand-duché de Luxembourg. Le gouvernement français s'était depuis longtemps préoccupé de l'état d'indécision où demeu rait une question si importante pour la sécurité de nos frontières. Que cette sécurité fût assurée par la réunion du grand-duché à la France ou par toute autre combinaison, le point capital, pour nous, était que la Prusse, dans la condition nouvelle que lui avaient faite les derniers changements européens, ne conservât pas au delà de ses limites et en dehors de tout droit international un établissement militaire qui constituait vis-à-vis de nous une position éminemment offensive.

« Nous étions autorisés à espérer que nos relations amicales avec le cabinet de Berlin prépareraient une solution favorable, car notre intention a toujours été de ménager les justes susceptibilités de la Prusse et d'admettre, dans une question qui avait à nos yeux un caractère européen, l'examen loyal des traités et de l'intérêt des grandes puissances.

« Nous nous sommes empressés de le déclarer, et d'écarter par cette déclaration toute cause de conflit.

« Les puissances ont entamé entre elles des négociations préparatoires auxquelles nous avons évité de nous mêler, dans un juste sentiment de réserve et de modération. A toutes les questions qui nous ont été adressées, nous avons répondu que nous accepterions toute solution compatible avec notre sécurité et notre dignité que les cabinets recommanderaient à notre adoption comme propre à consolider la paix européenne.

« Nous ne saurions dire trop haut combien les puissances ont montré, dans la tâche qu'elles s'étaient imposée, d'esprit d'impartialité et de désir sincère d'arriver, par un équitable et honorable arrangement, au but de leurs efforts.

« Après l'échange des ratifications, le gouvernement publiera le texte du traité qui vient d'être signé ; mais il peut, dès à présent, en indiquer les principales dispositions.

« Le préambule de cet acte diplomatique expose que le roi des Pays-Bas, grand-duc de Luxembourg, prenant en considération le changement apporté à la situation du grand-duché par suite de la dissolution des liens qui l'attachaient à l'ancienne Confédération germanique, a invité l'empereur d'Autriche, le roi des Belges, l'empereur des Français, la reine de la Grande-Bretagne, le roi de Prusse et l'empereur de Russie, à réunir leurs représentants en conférence à Londres, afin de s'entendre avec les plénipotentiaires du roi-grand-duc sur les nouveaux arrangements à prendre dans l'intérêt général de la paix.

« Les souverains ont accepté cette invitation, et ont résolu d'un commun accord de répondre au désir que le roi d'Italie a manifesté de prendre part à une délibération destinée à offrir un nouveau gage de sûreté au maintien du repos général.

« Le grand-duc a déclaré qu'il maintient les liens qui rattachent le grand-duché à la maison d'Orange-Nassau ; cette déclaration a été acceptée, et il en a été pris acte. Le grand-duché a été déclaré État neutre, et sa neutralité a été placée sous la sanction de la garantie collective des puissances signataires, à l'exception de la Belgique, qui est elle-même un État neutre.

« Il a été convenu, en outre, que la ville de Luxembourg cessera d'être une ville fortifiée, et que le roi grand-duc se réserve d'y entretenir le nombre de troupes nécessaire pour y veiller au maintien du bon ordre.

« Le roi de Prusse déclare en conséquence que ses troupes, actuellement en garnison dans la forteresse, recevront l'ordre de procéder à l'évacuation de la place immédiatement après l'échange des ratifications. On commencera simultanément à retirer l'artillerie et les munitions ; pendant cette opération, qui s'achèvera dans le plus court délai possible, il ne restera dans la place que le nombre de troupes indispensable à la sûreté et à l'expédition du matériel de guerre.

« Le grand-duc s'est engagé, de son côté, à prendre les mesures nécessaires afin de convertir la place en ville ouverte, au moyen d'une démolition qu'il jugera suffisante pour remplir les intentions des puissances. Ces travaux commenceront immédiatement après la retraite de la garnison, et s'effectueront avec tous les ménagements que réclament les intérêts des habitants.

« Les ratifications doivent être échangées dans l'espace de quatre semaines au maximum.

« Ce traité répond pleinement aux vues du gouvernement français. Il fait cesser une situation créée contre nous dans de mauvais jours, et maintenue depuis cinquante ans ; il donne à notre frontière du Nord la garantie d'un nouvel État neutre.

« Il assure au roi des Pays-Bas, grand-duc de Luxembourg, une entière indépendance.

« Non-seulement il supprime les causes d'un conflit imminent, mais encore il donne de nouveaux gages à l'affermissement de nos bons rapports avec nos voisins et à la paix de l'Europe.

« Le gouvernement de l'empereur pense qu'il doit se féliciter d'avoir obtenu ces résultats, et d'avoir pu en même temps constater combien les sentiments des puissances, à notre égard, se sont montrés équitables et amicaux.

« Il croit enfin utile de faire ressortir ce fait que, pour la première fois peut être, la réunion d'une conférence, au lieu de suivre la guerre et de se borner à en sanctionner les résultats, a réussi à la prévenir et à conserver à l'Europe les bienfaits de la paix. Il y a là un indice précieux des tendances nouvelles qui prévalent de plus en plus dans le monde, et dont tous les amis des progrès pacifiques et de la civilisation doivent se réjouir (Mouvement marqué d'approbation). »

Des communications analogues furent faites au parlement anglais dans la soirée du 13 mai. Lord Stanley annonça à la chambre des communes que le traité qui réglait la question du Luxembourg lui serait communiqué immédiatement après l'échange des ratifications. Lord Derby donna à la chambre des lords un sommaire du traité, et lord Stanley Alderley demandait si la garantie stipulée dans le traité n'augmentait pas considérablement la responsabilité de l'Angleterre, et si cette puissance ne serait pas dans l'obligation de faire la guerre, même seule, dans le cas d'une invasion éventuelle du Luxembourg.

Lord Derby répondit négativement. Il ajouta que le Luxembourg était placé sous une garantie collective, et nullement sous la garantie séparée de chacune des puissances représentées à la conférence.

Dans la séance du 15 mai, M. Rogier, ministre des affaires étrangères, fit au sénat belge cette communication :

« Messieurs,

« Le sénat connaît les circonstances dans lesquelles s'est produite la question du Luxembourg ; cet incident menaçait de dégénérer en un conflit violent, lorsque les grandes puissances non directement engagées dans le différend ont réussi, grâce au sentiment de modération des États intéressés, à amener la réunion d'une conférence chargée d'asseoir la situation du grand-duché sur de nouvelles bases.

« La Belgique, signataire des traités de 1839, qu'il s'agissait de modifier quant au Luxembourg, devait naturellement être appelée à assister à la conférence, et le roi grand-duc nous ayant adressé la même invitation qu'aux autres États signataires de ces traités, le gouvernement du roi s'est empressé de transmettre à son représentant à Londres les pleins pouvoirs nécessaires.

« L'indépendance et la neutralité de la Belgique étant entièrement hors de cause, notre plénipotentiaire avait pour instructions spéciales de concourir, dans la mesure de ses forces et de son influence, à toute solution politique pacifique qui se concilierait avec nos intérêts et nos droits.

« Nous avons la satisfaction d'annoncer que, réunie le 7, la conférence avait terminé ses travaux le 11, en signant un traité qui atteint le but désiré. Je crois pouvoir faire connaître, dès aujourd'hui, au sénat, la substance de cet acte international.

« Le grand-duché reste sous la souveraineté de la maison d'Orange-Nassau ; il est déclaré État neutre, et sa neutralité est placée sous la sanction de la garantie collective des puissances signataires.

« La Belgique, en sa qualité d'État neutre, demeure en dehors de cette stipulation.

« La ville de Luxembourg cessera d'être une ville fortifiée, les troupes prussiennes recevront l'ordre d'évacuer la place, et le roi grand-duc ne pourra y entretenir que le nombre de troupes nécessaire au maintien de l'ordre public.

« Ce traité fait disparaître de graves difficultés qui avaient inopinément surgi entre nos deux puissants voisins. Il augmente, par là même, la sécurité de la Belgique.

« Il n'est pas sans intérêt pour notre pays, le sénat le comprendra, d'avoir été, pour la première fois, représenté à un congrès politique, et d'avoir eu cette bonne fortune de conserver à l'Europe les bienfaits de la paix, ce bien suprême des nations. »

CHAPITRE XVIII

Le traité de Londres.

Les négociations avaient marché avec une rapidité à laquelle la vieille diplomatie européenne ne nous avait pas habitués ; les menaces de la guerre étaient écartées ; le but désiré venait d'être atteint, et pourtant, comme on le constate avec surprise, la presse, les chambres, les populations ne témoignèrent aucune joie.

Les journaux français furent à peu près unanimes dans leur appréciation du traité de Londres, et les plus optimistes, les plus disposés à l'approbation des faits accomplis ne dissimulaient pas le peu de satisfaction que leur causait le traité. En étudiant la situation du continent, l'*Etendard* y découvrait de funestes éléments de complications. « L'ordre, dit-il, n'est point directement menacé sans doute, mais la sécurité n'est pas partout imperturbable. »

Le *Pays* s'exprimait ainsi dans son numéro du 15 mai :

« Le *Moniteur* constate que la communication relative au Luxembourg, faite au Corps législatif par M. le ministre des affaires étrangères, a été accueillie depuis le commencement jusqu'à la fin par un silence glacial. En fidèles historiens, nous pouvons ajouter que quelques témoignages isolés de satisfaction ayant cru pouvoir se risquer d'une manière timide à la fin de la lecture, ont été immédiatement couverts par des *chut!* partis de tous côtés, et très-significatifs.

« Ce fait équivaut à une démonstration. Il y a une situation générale à laquelle l'arrangement de l'affaire du Luxembourg n'a rien changé. Tout le monde en a le sentiment, et nous nous en ferons l'interprète. »

Aux yeux de la *France*, des doutes, des appréhensions subsistent ; les tendances accentuées par la Prusse, les ambitions révélées, les difficultés apportées à l'abandon effectif du Luxembourg, perpétuaient l'incertitude et le malaise ; en un mot, nous n'avions pas la *paix confiante.* Une concession indispensable avait apaisé le conflit. La prétention de garder, sur un territoire affranchi de tout lien politique avec l'Allemagne, un établissement militaire de premier ordre, qui était une menace pour notre frontière, avait été condamnée par toutes les puissances ; mais était-ce le seul gage que pût exiger le retour à la paix confiante, à la paix sans ombrage ? La *France* ne le pensait pas :

« Les ambitions de la Prusse, écrivait M. A. Garcin, ont-elles dit leur dernier mot ? Contenues à l'ouest par l'intervention de l'Europe, ne chercheront-elles pas à se dédommager au sud de l'Allemagne ? Renoncera-t-on, à Berlin, à cette tactique trop facile qui, pour précipiter le mouvement militaire, représentait notre pays comme nourrissant des projets de conquête sur des États dont il défendait la cause et revendiquait l'indépendance ? Cette ardeur d'agrandissement, ce besoin d'extension s'apaiseront-ils, ou bien se borneront-ils à changer de cours et de prétexte ?

« La confiance dans la paix se fortifiera ou s'affaiblira selon la réponse que les actes de la Prusse feront à ces questions. Nous sommes pour la paix ; mais nous la voulons solide et féconde, et elle ne peut l'être qu'à ce prix. »

La *Liberté*, qui, en dépit de ses théories pacifiques, avait toujours cru à l'impossibilité d'une solution amiable, éprouvait un sentiment de tristesse, d'abattement, le sentiment qu'elle éprouverait le lendemain d'une défaite. Elle voyait la France isolée, ayant sur ses frontières de grands États unifiés ; elle regrettait que le gouvernement n'eût pas consulté le parlement et élargi le cercle des libertés.

Les appréciations de la presse allemande étaient analogues. La *Gazette de l'Allemagne du Nord*, dans son numéro du 15 mai, se demandait si les décisions de la conférence constituaient une garantie durable de la paix. « La réponse dépendra avant tout, disait-elle, de savoir si ces décisions seront ponctuellement observées. La ratification des résolutions ne doit avoir lieu que dans quatre semaines, et d'ici là il s'offrira sans doute des occasions suffisantes pour voir dans quel sens on comprend les résultats obtenus à Londres.

« En tout cas, on considérerait universellement comme le symptôme le plus infaillible d'un avenir pacifique que la France voulût suspendre ses armements. Il y a peu de jours encore cela ne paraissait pas être le cas, car nous trouvons dans divers journaux des nouvelles de Paris du 8 et du 9 mai, qui prouvent qu'à cette époque on poussait encore les armements avec beaucoup d'activité. »

La *Gazette du Weser* ne croyait la solution tant soit peu honorable pour l'Allemagne, qu'autant qu'on la comparait avec d'autres faits antérieurs :

« Si dans les temps passés l'Europe avait besoin de quelque objet de compensation, on prenait sans se gêner du territoire et des gens à l'Allemagne ; cela s'est fait en 1814 et en 1815, malgré les victoires des armées allemandes ; cela s'est fait encore en 1839, où les deux tiers du Luxembourg ont été donnés à la Belgique, et on nous donna pour compensation l'incorporation nominale du Luxembourg. Cette fois-ci, on nous a traités avec un peu plus d'égards, et du moins on n'a pas séparé en forme le Luxembourg de la mère patrie.

« Cependant on a encore compté de la part du peuple allemand sur une condescendance et une patience qu'on n'a pas l'habitude de demander à d'autres puissances. On a trouvé tout naturel que l'Allemagne consentît à placer une partie de son territoire sous un droit européen exceptionnel, qu'elle renonçât à la disposition libre et souveraine qui lui appartient sur ce pays, au droit d'y établir des fortifications et d'y mettre des troupes.

« Cette disposition est semblable en tout aux conditions de la neutralisation de la mer Noire, que la Russie a subie après une lutte acharnée de deux ans. Sans doute, la neutralisation du Luxembourg n'a pas la même importance matérielle, mais en petit elle en est la répétition, avec la seule différence que nous y consentons sans coup férir. Mais l'Allemagne se laissera-t-elle plus détourner par là de ses plans que la Russie par la paix de Paris ? »

La *Gazette nationale de Berlin* exprimait ainsi ses doutes :

« Malgré la satisfaction générale qu'a causée la consolidation de la paix, il est permis de se demander pourquoi le danger a pris si vite de si grandes proportions, et si le jugement arbitral des puissances européennes a suffi pour le conjurer complétement. Nous sommes naturellement, de même que toutes les classes de la population allemande, parfaitement contents du maintien de la paix, et nous serions très-heureux si sa longue durée était hors de doute ; mais il nous est difficile de ne pas exprimer l'opinion qu'ou bien le danger de la guerre n'était pas sérieux, ou qu'il n'a été écarté que temporairement.

« On a souvent dit, et nous sommes de cet avis, que le Luxembourg, considéré comme territoire, forme un objet bien trop minime pour une guerre entre les deux puissances qui, pour la force d'attaque et de défense, sont aujourd'hui à la tête de l'Europe, et qui n'éprouvent nullement le besoin d'augmenter, par des moyens violents et hasardés, la considération dont elles jouissent. Mais ceci nous confirme dans l'opinion que la France n'aurait pas agi comme elle l'a fait, que la dissidence n'aurait pas pris si vite le caractère d'un conflit, si derrière la question du Luxembourg ne s'en était pas cachée une autre bien plus difficile, celle de l'union de l'Allemagne.

« Le monde pensant sait, et les hommes d'État français, notamment, sont convaincus qu'il ne saurait être question d'une attaque de l'Allemagne contre la

France pacifique; que la Prusse, autant que sa politique tend à des buts pratiques, n'éprouve aucune impulsion à dépasser la limite qu'elle s'est posée dans la formation de la confédération du Nord et l'accession des États du Sud. L'acquisition du Luxembourg était inutile à la France pour assurer ses frontières. Mais derrière cette acquisition se posait le principe de la compensation, qui est équivalent à la prétention de la France de dire son mot quand il s'agit de régler les affaires allemandes et d'avoir un droit acquis au morcellement de l'Allemagne.

« C'est dans ce sens que le Reichstag du Nord et le peuple allemand ont compris l'acquisition préparée en secret de ce petit pays. Le veto pur et simple de la Prusse aurait indiqué clairement, en réponse et sans malentendu possible, que cet État, occupé des affaires domestiques de l'Allemagne, ne souffrait pas d'hôte importun sur le seuil de sa maison, qu'il ne permettait pas aux puissances étrangères de discuter les affaires intérieures de l'Allemagne.

« Pour ne pas laisser son propre peuple et le reste de l'Europe dans l'incertitude, la Prusse a donc aujourd'hui doublement le devoir d'amener sans délai l'union la plus solide et définitive du Sud avec le Nord. Si la France nous laisse accomplir en paix cette œuvre nationale, les bons résultats du traité de Londres deviendront évidents, mais il serait peu sage de fêter dès ce moment la victoire, et d'oublier la leçon que nous venons de recevoir de notre voisin. »

Évidemment, la Prusse, enflée de ses victoires de 1866, regrettait la concession qu'elle avait faite, et l'abandon du poste avancé où elle s'était longtemps blottie déterminait son occupation. La France gardait quelque rancune de la résistance qu'avaient rencontrée ses réclamations, et des prétentions exorbitantes qu'avaient apportées les Allemands. Elle se sentait les mains liées dans le cas où elle jugerait utile à ses intérêts d'acquérir ultérieurement le grand-duché de Luxembourg.

Sans se faire illusion sur l'arrangement intervenu, on avait hâte de le croire définitif.

Les puissances n'attendirent pas le délai extrême de quatre semaines; les ratifications furent échangées à Londres le 31 mai, et le traité fut officiellement publié dans le *Moniteur* français du 3 juin.

En voici le texte :

« *Traité du 11 mai 1867.*

« Au nom de la très-sainte et indivisible Trinité,

« S. M. le roi des Pays-Bas, grand-duc de Luxembourg, prenant en considération le changement apporté à la situation du grand-duché par suite de la dissolution des liens qui l'attachaient à l'ancienne Confédération germanique, a invité LL. MM. l'Empereur des Français, l'empereur d'Autriche, la reine d'Angleterre, le roi des Belges, le roi de Prusse et l'empereur de toutes les Russies à réunir leurs repré-

sentants en conférence à Londres, afin de s'entendre avec les plénipotentiaires de S. M. le roi grand-duc sur les nouveaux arrangements à prendre dans l'intérêt général de la paix.

« Et leursdites Majestés, après avoir accepté cette invitation, ont résolu, d'un commun accord, de répondre au désir que S. M. le roi d'Italie a manifesté de prendre part à une délibération destinée à offrir un nouveau gage de sûreté au maintien du repos général.

« En conséquence, Leurs Majestés, de concert avec S. M. le roi d'Italie, voulant conclure dans ce but un traité, ont nommé pour leurs plénipotentiaires, savoir :

« S. M. l'Empereur des Français, le sieur Godefroy-Bernard-Henri-Alphonse, prince de la Tour d'Auvergne Lauraguais, son ambassadeur extraordinaire et plénipotentiaire près S. M. Britannique, grand officier de son ordre impérial de la Légion d'honneur, etc.;

« S. M. l'empereur d'Autriche, roi de Hongrie et de Bohême, le sieur Rodolphe, comte Apponyi, son ambassadeur extraordinaire près S. M. Britannique, chevalier de l'ordre de la Toison d'Or, etc.;

« S. M. le roi des Belges, le sieur Sylvain Van de Weyer, ministre d'État, son envoyé extraordinaire et ministre plénipotentiaire près S. M. Britannique, grand cordon de son ordre de Léopold, etc.;

« S. M. la reine du royaume-uni de la Grande-Bretagne et d'Irlande, le très-honorable Edward-Stanley, lord Stanley, conseiller de S. M. Britannique en son conseil privé, membre du parlement, son principal secrétaire d'État pour les affaires étrangères;

« S. M. le roi d'Italie, le sieur Emmanuel Taparelli de Lagnasco, marquis d'Azeglio, son envoyé extraordinaire et ministre plénipotentiaire près S. M. Britannique, etc.;

« S. M. le roi des Pays-Bas, grand-duc de Luxembourg, le sieur Adolphe, baron Bentinck, son chambellan et ministre d'État, son envoyé extraordinaire et ministre plénipotentiaire près S. M. Britannique;

« Le baron Victor de Tornaco, ministre d'État, président du gouvernement du grand-duché, etc.;

« Et le sieur Emmanuel Servais, vice-président du conseil d'État et de la Cour supérieure de justice, ancien membre du gouvernement;

« S. M. le roi de Prusse, le sieur Albert, comte de Bernstorff Stintenburg, son ministre d'État et chambellan, son ambassadeur extraordinaire et plénipotentiaire près S. M. Britannique, etc.;

« Et S. M. l'empereur de toutes les Russies, le sieur Philippe, baron de Brunnow, son conseiller privé actuel, ambassadeur extraordinaire et plénipotentiaire près S. M. Britannique, etc. »

« Lesquels, après avoir échangé leurs pleins pouvoirs trouvés en bonne et due forme, sont convenus des articles suivants :

« Art. 1er. S. M. le roi des Pays-Bas, grand-duc de Luxembourg, maintient les liens qui attachent ledit grand-duché à la maison d'Orange-Nassau, en vertu des traités qui ont placé cet État sous la souveraineté de S. M. le roi grand-duc, ses descendants et successeurs.

« Les droits que possèdent les agnats de la maison de Nassau sur la succession du grand-duché, en vertu des mêmes traités, sont maintenus. Les hautes parties contractantes acceptent la présente déclaration et en prennent acte.

« Art. 2. Le grand-duché, dans les limites déterminées par l'acte annexé au traité du 19 avril 1839, sous la garantie des cours d'Autriche, de France, de la Grande-Bretagne, de Prusse et Russie, formera désormais un État perpétuellement neutre. Il sera tenu d'observer cette même neutralité envers tous les autres États.

« Les hautes parties contractantes s'engagent à respecter le principe de la neutralité stipulé par le présent article. Ce principe est et demeure placé sous la sanction de la garantie collective des puissances signataires du présent traité, à l'exception de la Belgique, qui est elle-même un État neutre.

« Art. 3. Le grand-duché de Luxembourg étant neutralisé aux termes de l'article précédent, le maintien ou l'établissement des places fortes sur son territoire devient sans nécessité comme sans objet. En conséquence, il est convenu d'un commun accord que la ville de Luxembourg, considérée par le passé, sous le rapport militaire, comme forteresse fédérale, cessera d'être une ville fortifiée.

« S. M. le roi grand-duc se réserve d'entretenir dans cette ville le nombre de troupes nécessaire pour y veiller au maintien du bon ordre.

« Art. 4. Conformément aux stipulations contenues dans les art. 2 et 3, S. M. le roi de Prusse déclare que ses troupes actuellement en garnison dans la forteresse de Luxembourg, recevront l'ordre de procéder à l'évacuation de cette place immédiatement après l'échange des ratifications du présent traité. On commencera simultanément à retirer l'artillerie, les munitions et tous les objets qui font partie de la dotation de ladite place forte. Durant cette opération, il n'y restera que le nombre de troupes nécessaire pour veiller à la sûreté du matériel de guerre et pour en effectuer l'expédition, qui s'achèvera dans le plus bref délai possible.

« Art. 5. S. M. le roi grand-duc, en vertu des droits de souveraineté qu'il exerce sur la ville et la forteresse de Luxembourg, s'engage, de son côté, à prendre les mesures nécessaires afin de convertir ladite place forte en ville ouverte, au moyen d'une démolition que Sa Majesté jugera suffisante pour remplir les intentions des hautes parties contractantes, exprimées dans l'article 2 du présent traité. Les travaux, requis à cet effet, commenceront immédiatement après le retrait de la garnison. Ils s'effectueront avec tous les ménagements que réclament les intérêts des habitants de la ville.

« S. M. le roi grand-duc promet, en outre, que les fortifications de la ville de Luxembourg ne seront pas rétablies à l'avenir, et qu'il n'y sera maintenu ni créé aucun établissement militaire.

« Art. 6. Les puissances signataires du présent traité constatent que la dissolution de la Confédération germanique ayant également amené la dissolution des liens qui unissaient le duché de Limbourg collectivement avec le grand-duché de Luxembourg à ladite Confédération, il en résulte que les rapports dont il est fait mention aux art. 3, 4 et 5 du traité du 19 avril 1839, entre le grand-duché et certains territoires appartenant au duché de Limbourg, ont cessé d'exister, lesdits territoires continuant à faire partie intégrante du royaume des Pays-Bas.

« Art. 7. Le présent traité sera ratifié et les ratifications en seront échangées à Londres dans l'espace de quatre semaines au plus tôt, si faire se peut.

« En foi de quoi les plénipotentiaires respectifs l'ont signé et y ont apposé le sceau de leurs armes.

« Fait à Londres, le 11 mai 1867.

« STANLEY, — APPONYI, — LA TOUR D'AUVERGNE, D'AZEGLIO, — BENTINCK, — VAN DE WEYER, — TORNACO, — SERVAIS, — BERNSTORFF, — BRUNNOW. »

Le texte officiel ne porte pas la déclaration suivante, publiée comme authentique par quelques journaux.

Déclaration.

« Il est bien entendu que l'article 3 ne porte point atteinte aux droits des autres puissances neutres de conserver, et au besoin d'améliorer leurs places fortes et autres moyens de défense.

« (*Suivent les mêmes signatures que ci-dessus*).»

Toutes les causes de conflit sont-elles maintenant conjurées? La paix, sanctionnée par la présence du roi de Prusse, du prince Albert de Prusse et du comte de Bismark à Paris, est-elle solide et bien assise? L'avenir décidera.

FIN